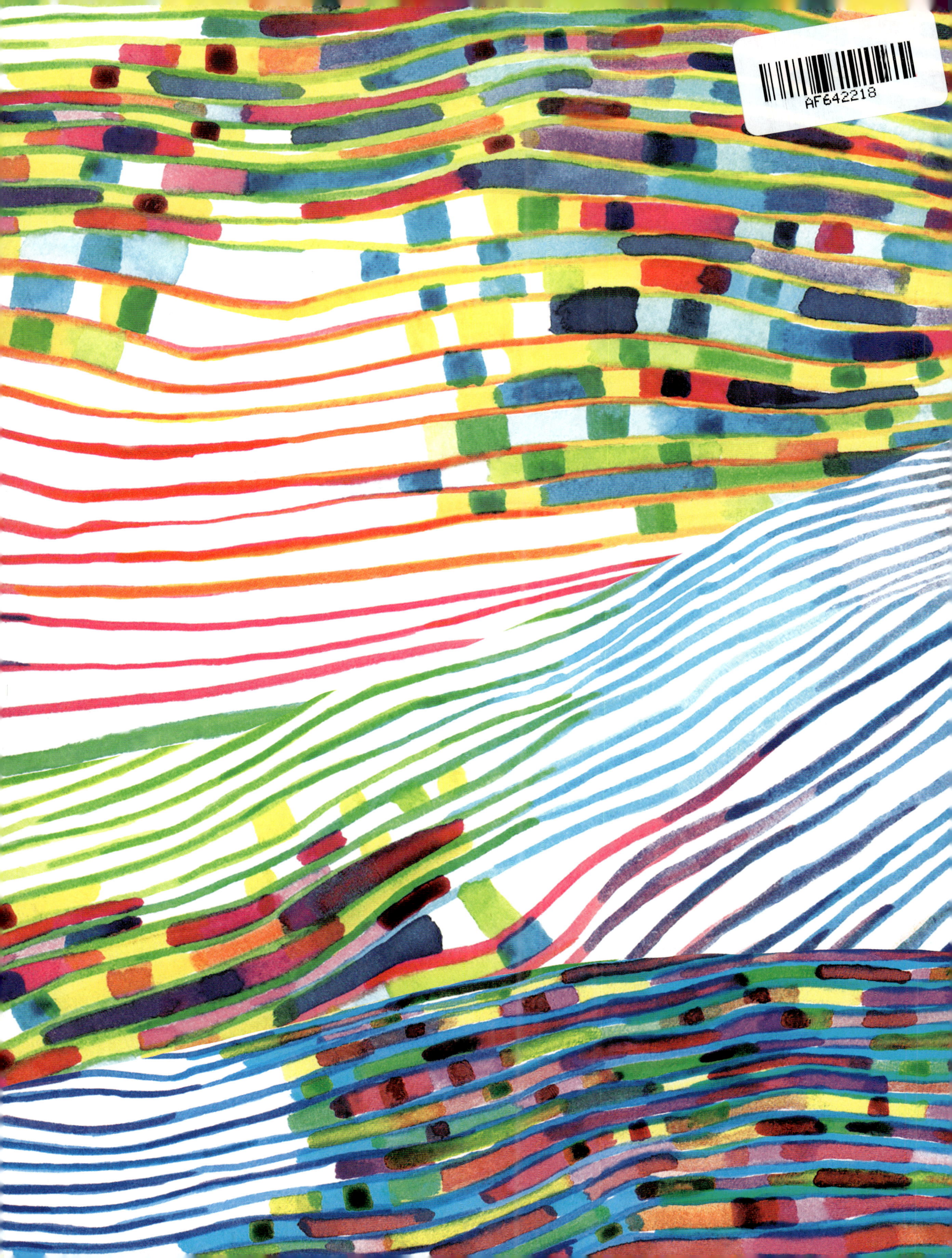

„Das Wohnhaus ist das Spiegelbild des Menschen.“
Hundertwasser

Für Maja und die Kinder der „Résidence Eldorado-Lille 3000“,
die Samen für Samen diese Geschichte gesät haben.
Vielen Dank an sie und das gesamte Team der Plan Lecture de Lille
für diese fabelhafte Reise von Gold zu Grün!
G.E.

An das Team von Plan Lecture de Lille,
mögen unsere Städte mit Fantasie gedeihen!
L.V.

Wir danken der Hundertwasser Stiftung von Herzen für ihre Hilfe
und ihre Begeisterung bei der Vorbereitung dieses Buches
sowie Elisabeth Krawina und Harald Böhm.

5. Auflage 2025

in der Penguin Random House Verlagsgruppe GmbH
Neumarkter Straße 28 · 81673 München
produktsicherheit@penguinrandomhouse.de
(Vorstehende Angaben sind zugleich Pflichtinformationen nach GPSR)

Titel der Originalausgabe: *Une Maison fantastique*

Übersetzt aus dem Französischen von Géraldine Elschner und
Katharina Knüppel

Projektmanagement: Melanie Schöni
Lektorat: Katharina Knüppel und Doris Kutschbach
Herstellung und Satz: Susanne Hermann
Druck und Bindung: TBB, a.s., Banská Bystrica

MIX
Papier | Fördert gute Waldnutzung
FSC® C022120

Penguin Random House Verlagsgruppe FSC® N001967

Printed in Slovakia

ISBN 978-3-7913-7453-6

www.prestel-junior.de

Bildnachweis:
Hundertwasserhaus
Wohnhaus in Wien (Österreich), nach einem Konzept und Ideen
von Friedensreich Hundertwasser, erbaut zwischen 1983 und 1985
Originalmiturheber: Architekt Josef Krawina
Ausführender Architekt: Peter Pelikan
U4: Fassade: © 2020 Hundertwasser Archiv, Wien
Seite 28: Säulen: © Balakat, Dreamstime.com
Detail einer Säule: © Xbrchx, Dreamstime.com
Brunnen: © David Pillow, Dreamstime.com
Seite 29: Fassade: © Empire331, Dreamstime.com
Detail der Fassade: © Evren Kalinbacak, Dreamstime.com

HUNDERTWASSER

Ein Haus für dunkelbunte Träume

Géraldine Elschner
Lucie Vandevelde

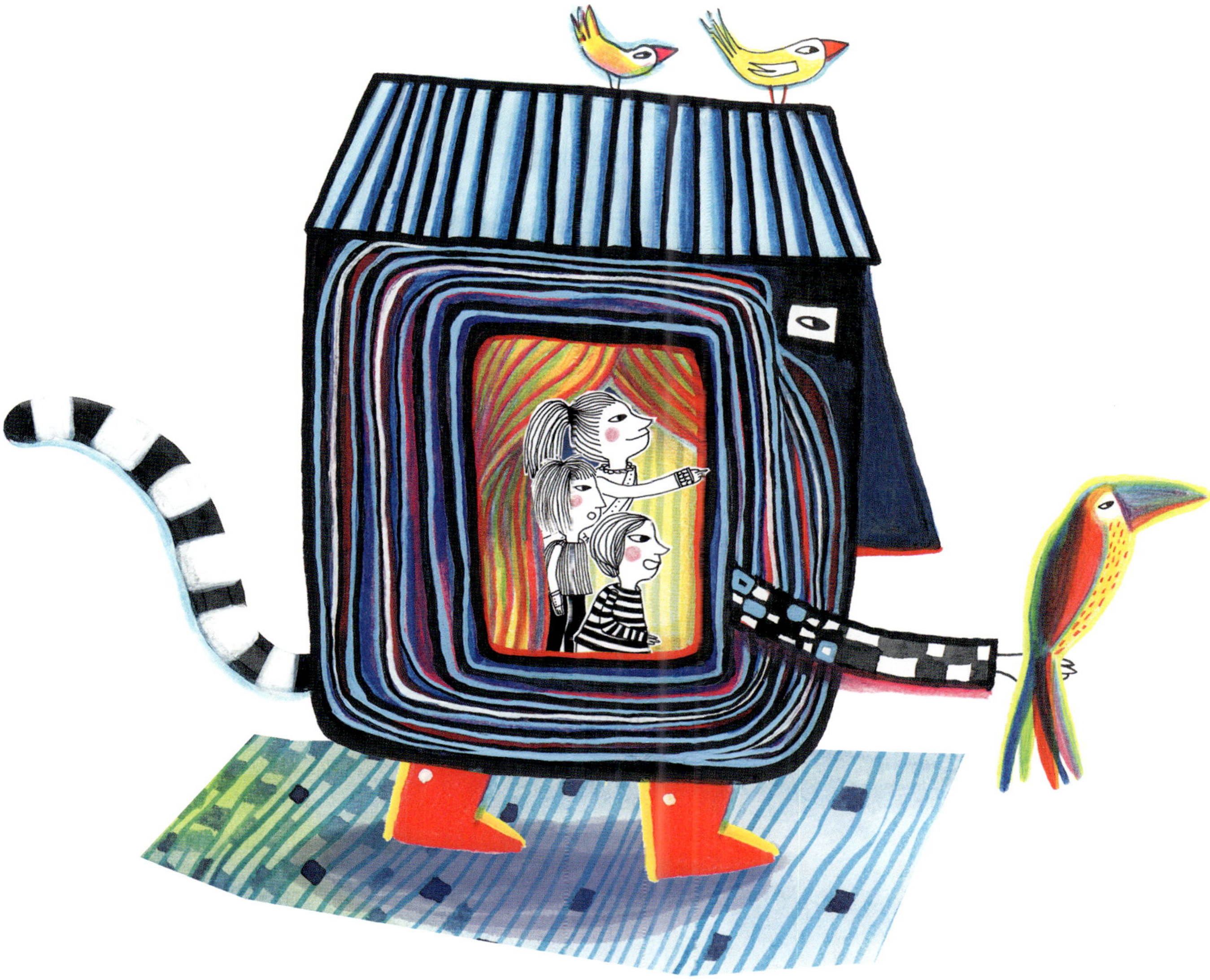

PRESTEL
München · London · New York

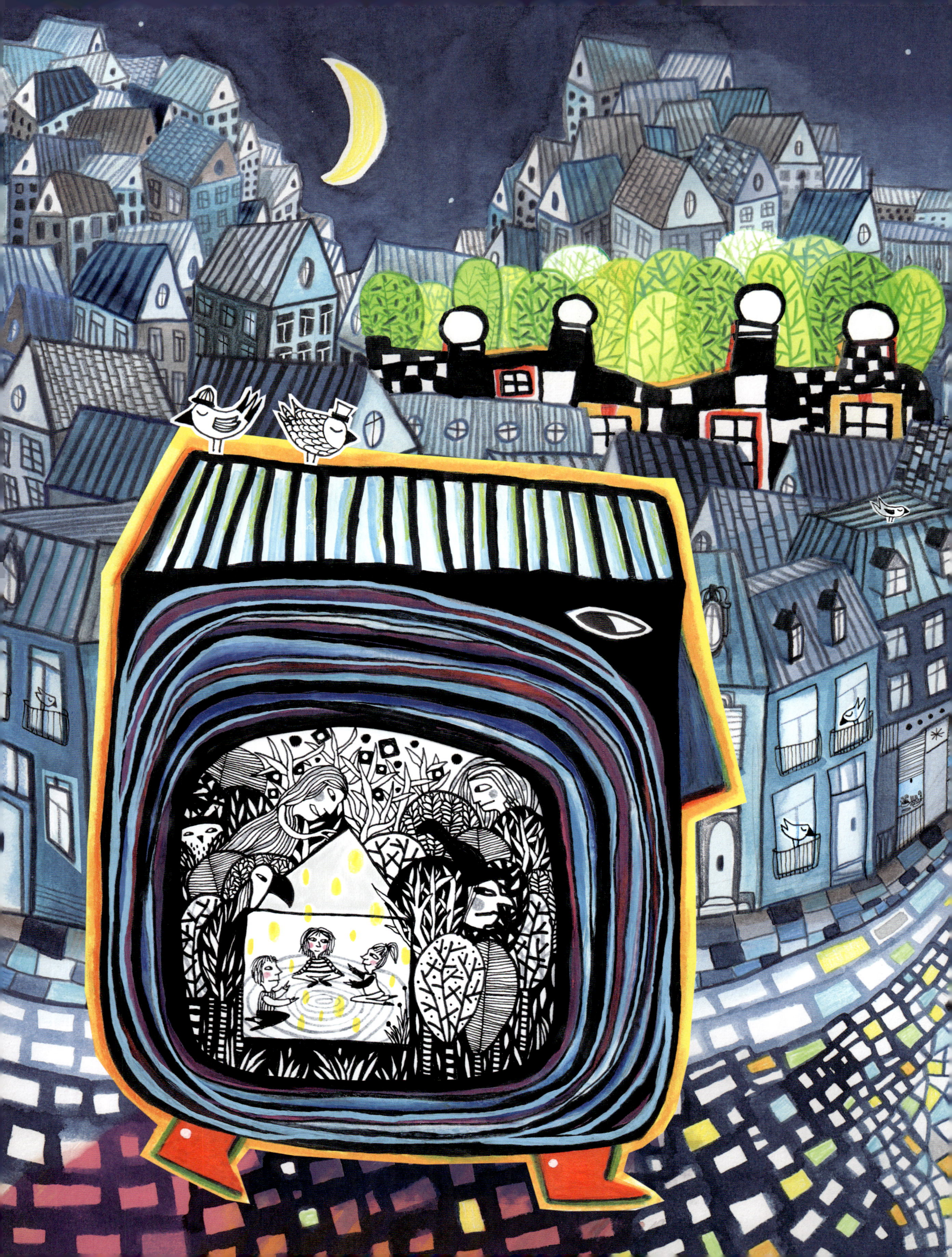

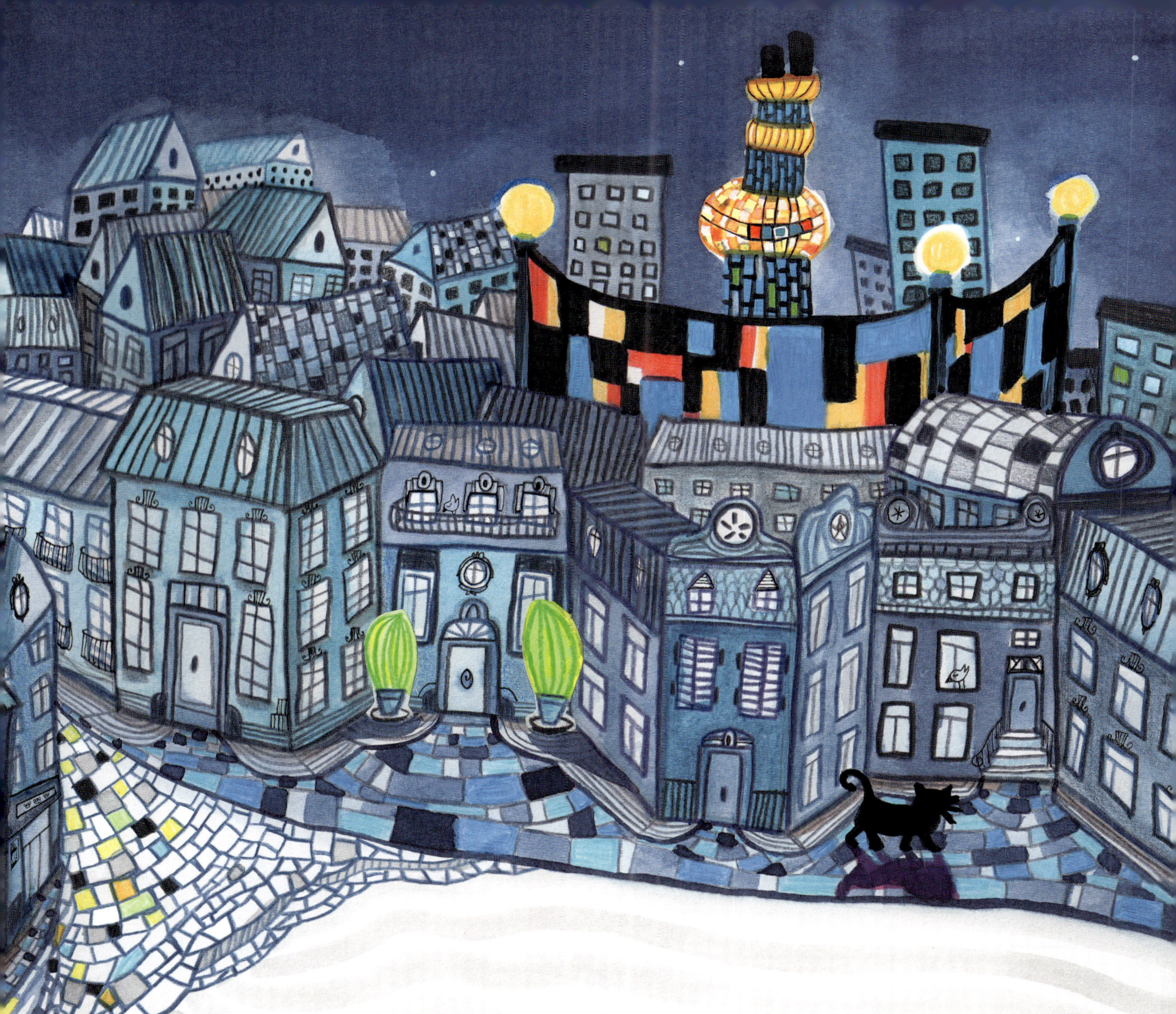

Was ist nur los in unserer großen, grauen, ordentlichen Stadt?
In letzter Zeit geschehen hier seltsame Dinge.

Die alte Möbelfabrik sieht plötzlich aus wie ein Schachbrett.
Und in der Ferne leuchtet ein hoher Schornstein in vielen Farben ...

Wer bringt hier bloß alles durcheinander?
„Der Zauberer der Dächer", flüstert Lea.
„Die Hexe aus dem Wald", vermutet Leo.
Coco sagt gar nichts.
Dabei brabbelt er sonst pausenlos, mein bunter Papagei.

Etwas Unglaubliches passiert direkt vor unserer Haustür,
gegenüber von Mamas Blumenladen.

Dort steht auf einem verwilderten Grundstück
zwischen den Häusern ein großer alter Baum.
Mit seiner prächtigen Krone steht er wie ein König
über Gräsern und Sträuchern.
Coco versteckt sich gern in seinen Zweigen.
Und im Schatten seiner Äste feiere ich jedes Jahr
meinen Geburtstag mit Leo und Lea.
Dann bin ich für einen Tag die Prinzessin
in unserem Reich.
Doch eines schönen Morgens …

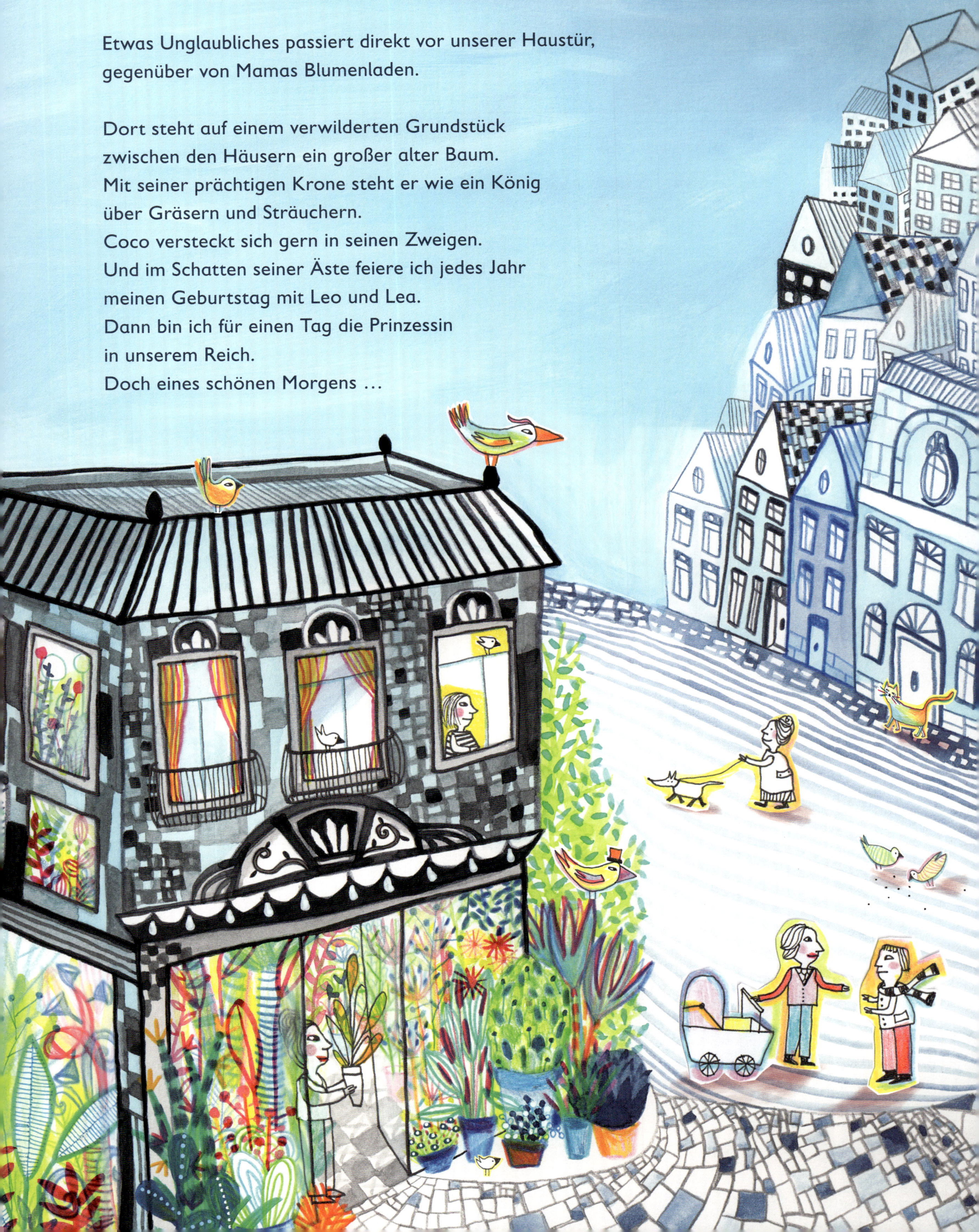

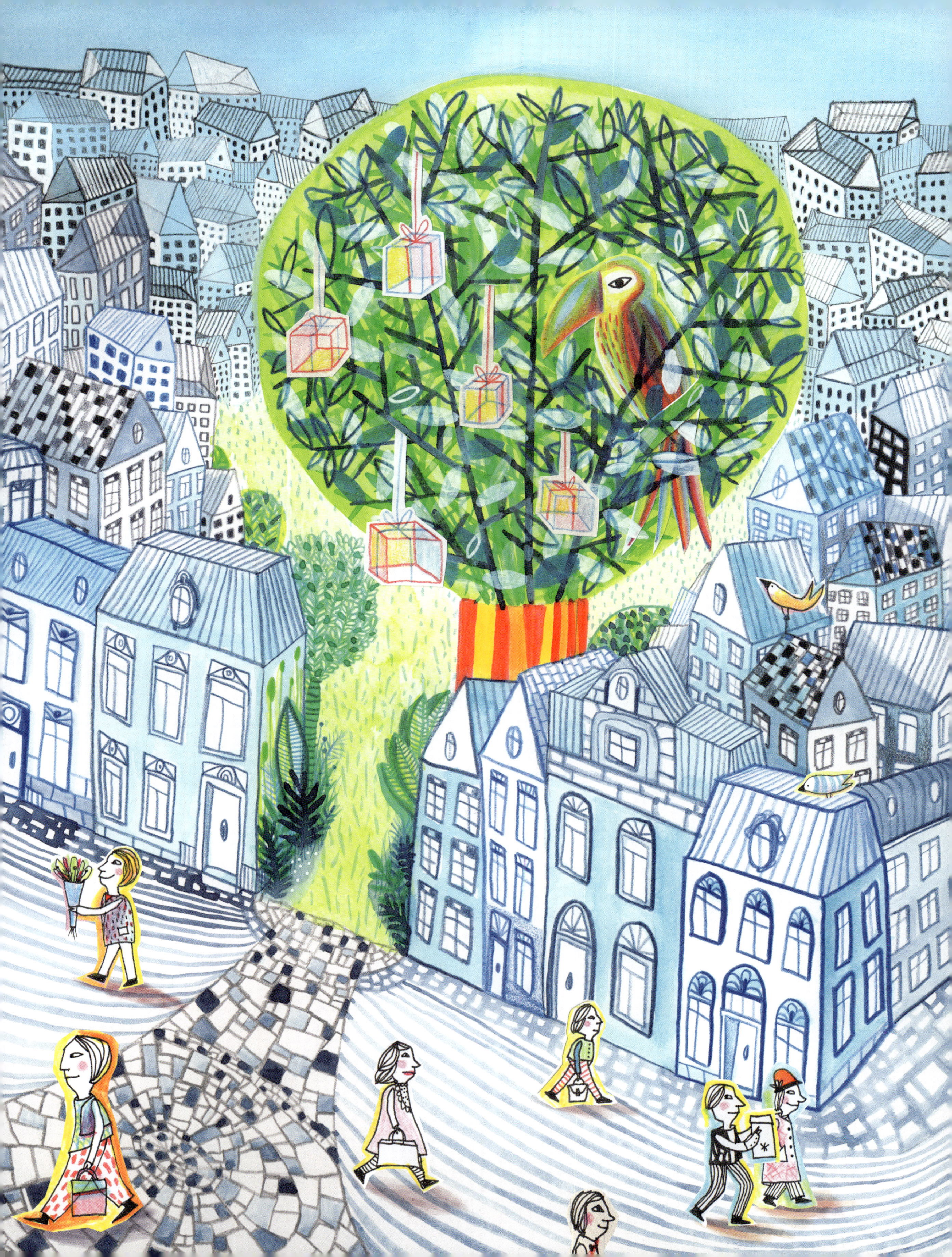

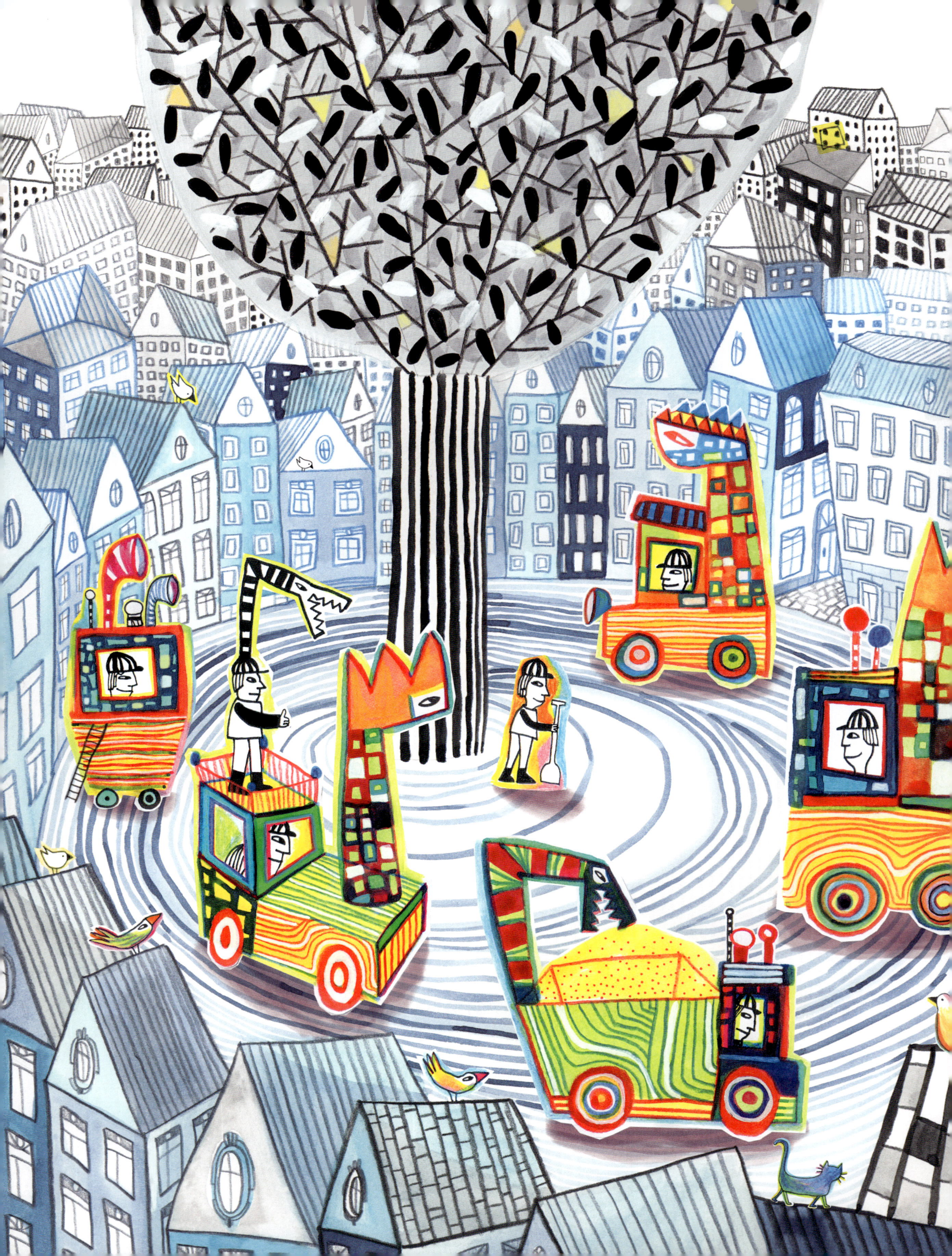

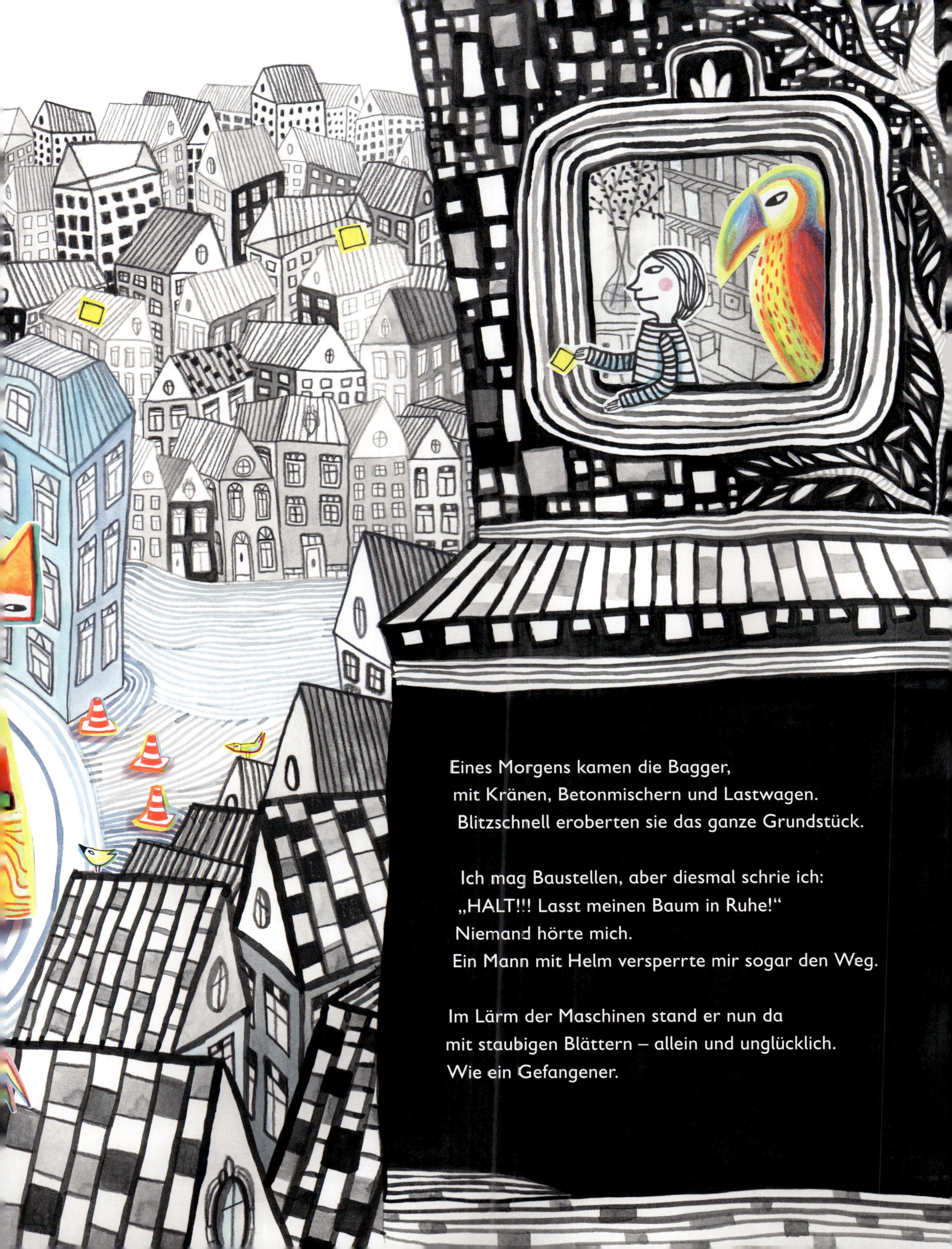

Eines Morgens kamen die Bagger,
mit Kränen, Betonmischern und Lastwagen.
Blitzschnell eroberten sie das ganze Grundstück.

Ich mag Baustellen, aber diesmal schrie ich:
„HALT!!! Lasst meinen Baum in Ruhe!“
Niemand hörte mich.
Ein Mann mit Helm versperrte mir sogar den Weg.

Im Lärm der Maschinen stand er nun da
mit staubigen Blättern – allein und unglücklich.
Wie ein Gefangener.

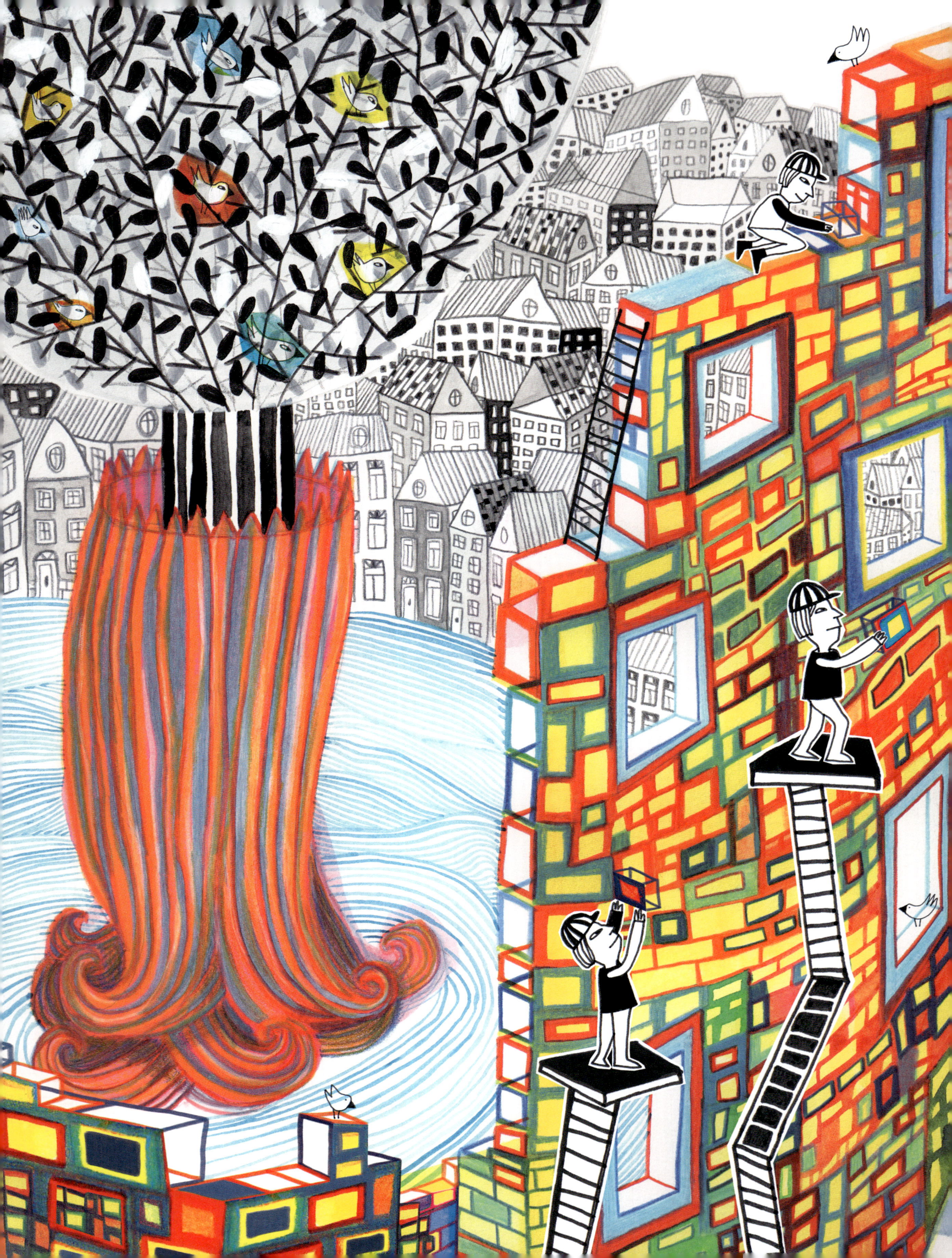

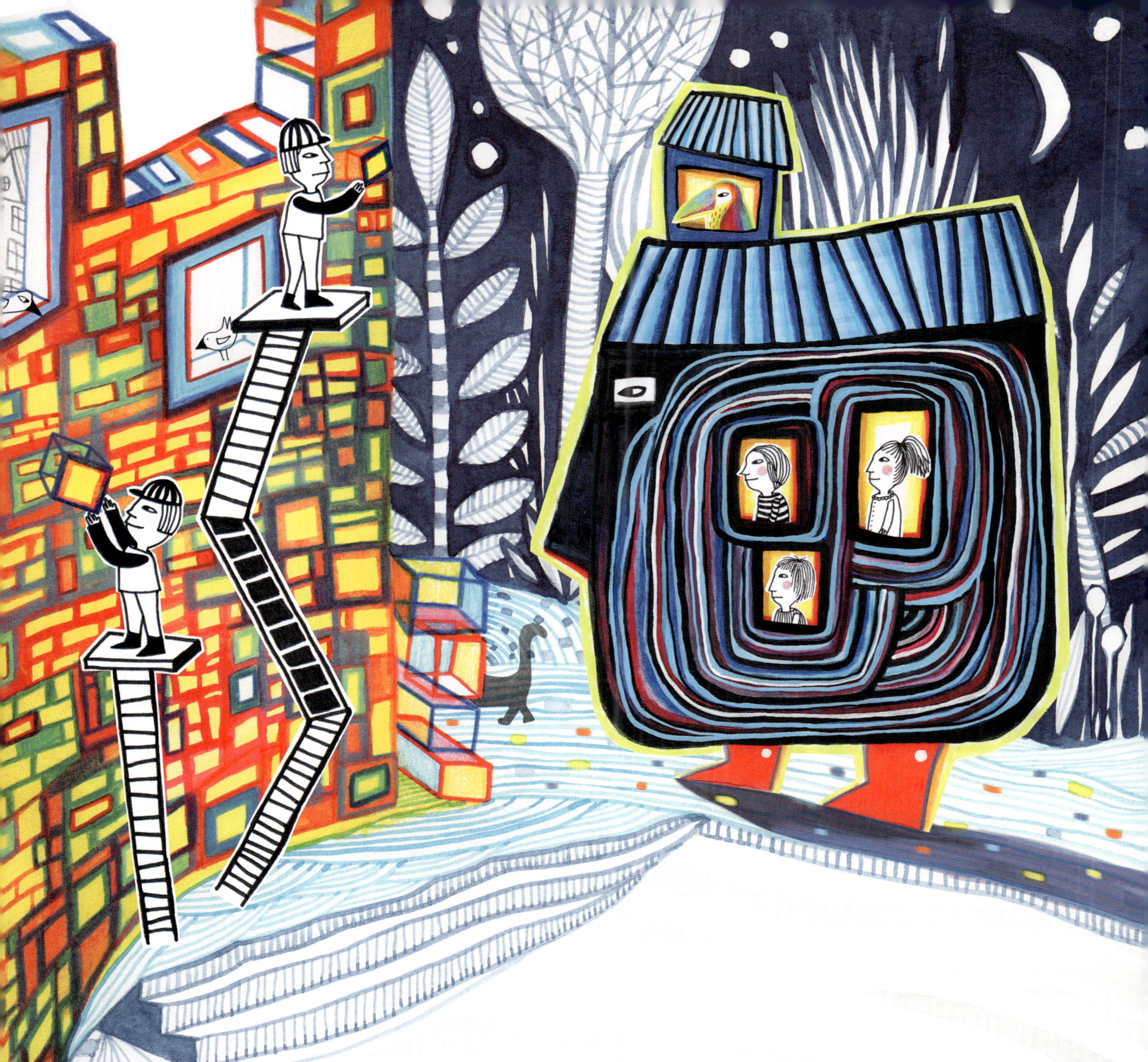

In der Nacht muss jemand dort gewesen sein,
denn am nächsten Tag verhüllte ein
großer Umhang den alten Stamm.
„Der Mantel der Hexe ...“, flüsterte Leo.
„Oder der Umhang des Zauberers!“, raunte Lea.

Sollte das bedeuten, man würde ihn fällen?
Tag für Tag beobachteten wir unseren armen Baum.
Aber zwischen ihm und uns wuchs eine Mauer
aus Ziegelsteinen höher und höher und ...

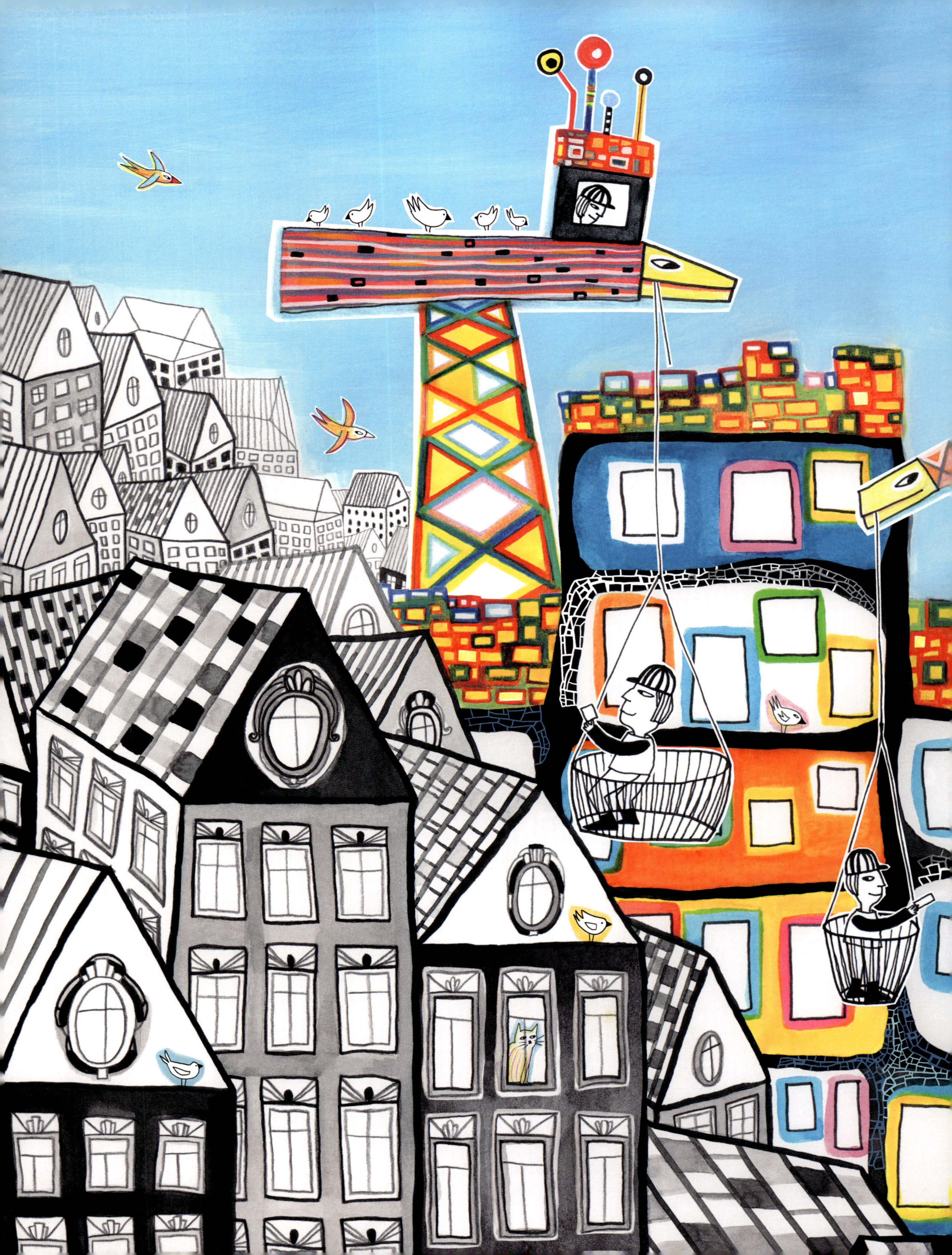

... schließlich verschwand die Baumkrone
endgültig aus unserer Sicht.
Auf der Baustelle hatten sich inzwischen
Farbflecken über alle Mauern verteilt.
Linien zogen wie Wellen über die Wände,
und die Fenster erstrahlten in bunten Rahmen.

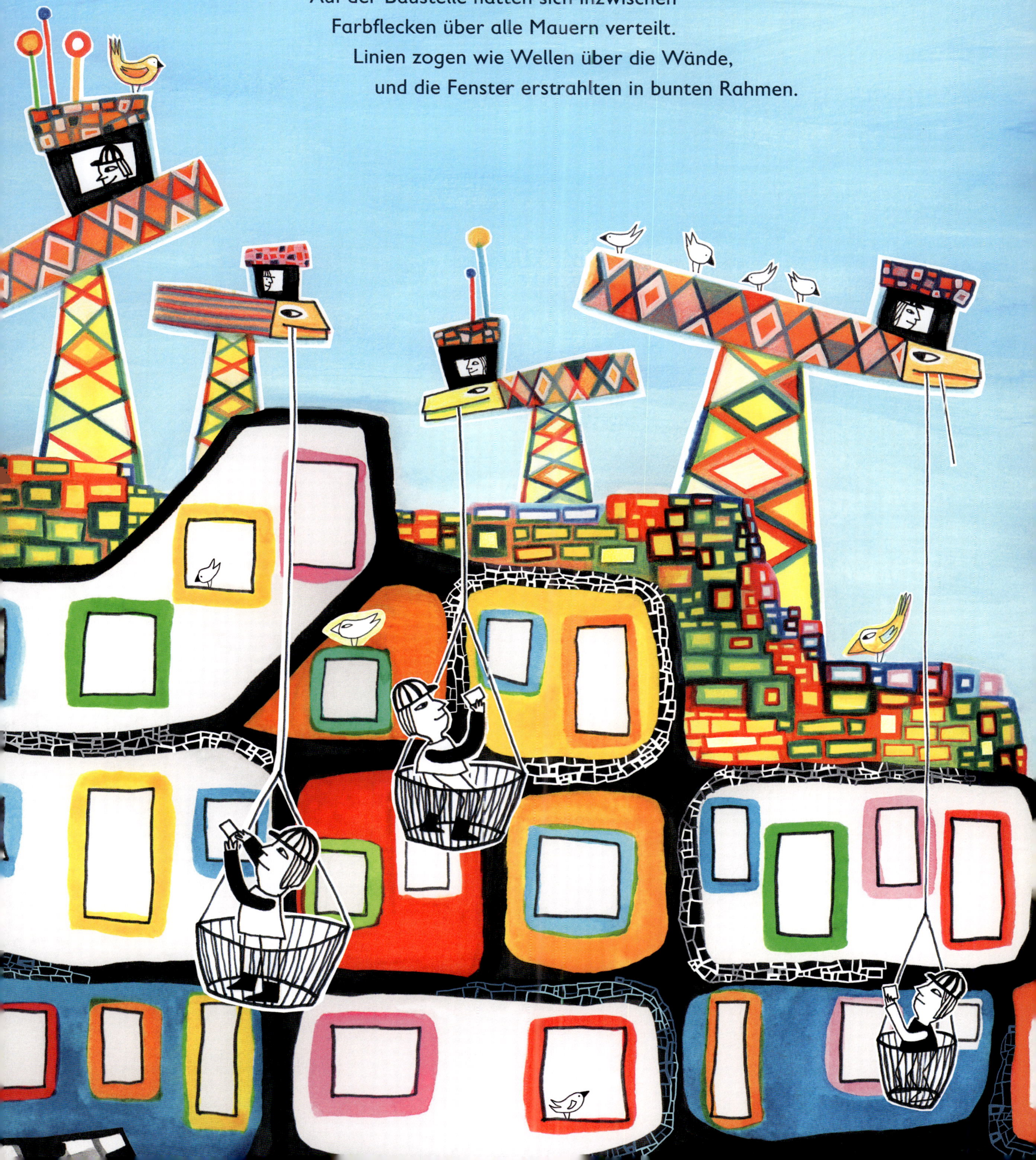

Jedes Fenster hatte etwas Besonderes:
Hier eine karierte Mütze, dort ein blauer Schal …

Wir fanden das so schön, dass wir bunte Kreide holten,
um die Wände rund um unsere eigenen Fenster auch zu bemalen.

Inzwischen schlängelte sich ein wild gemustertes Kopfsteinpflaster
wie ein fröhlicher Fluss vom Hof des Hauses durch die Straße.

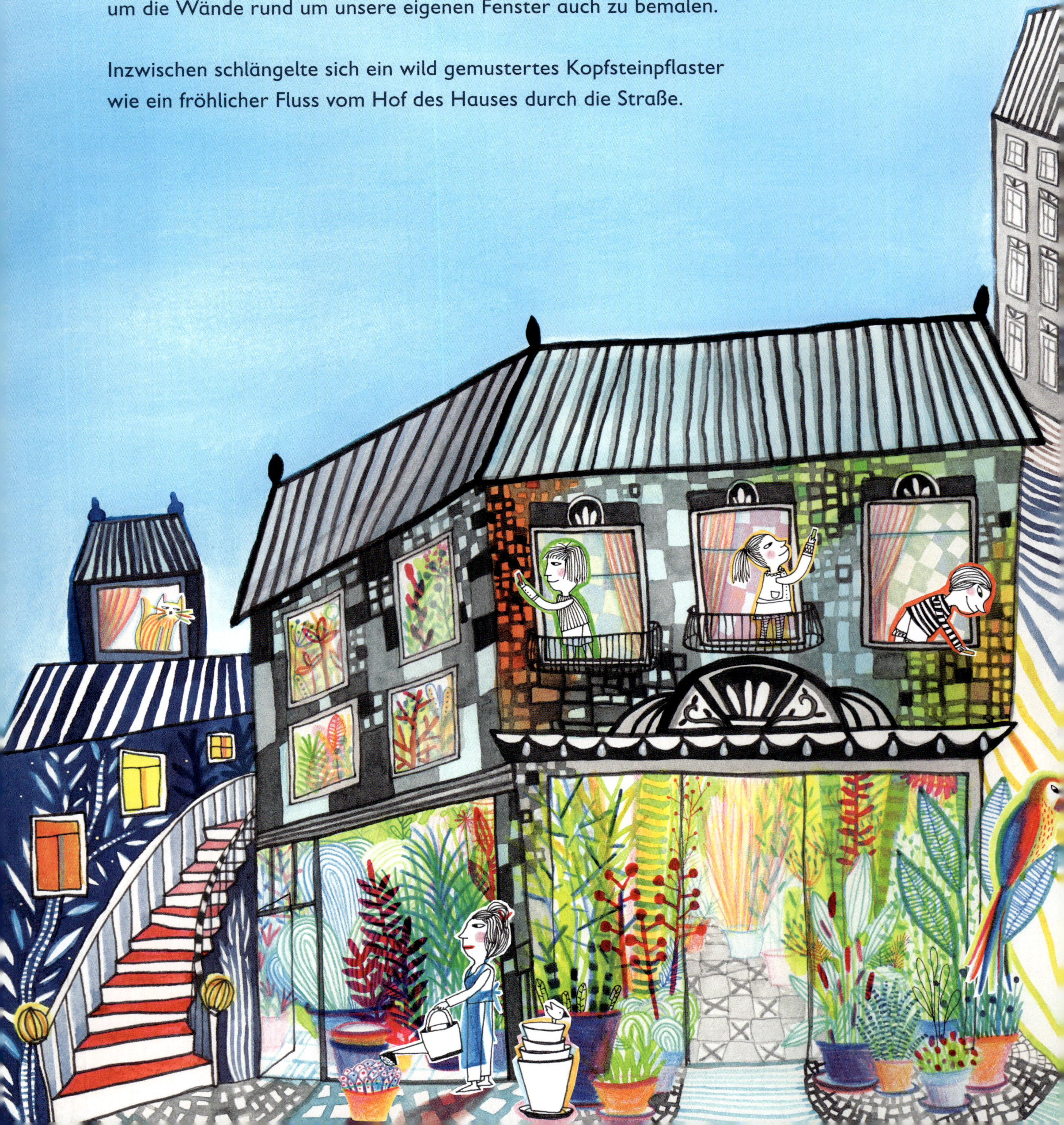

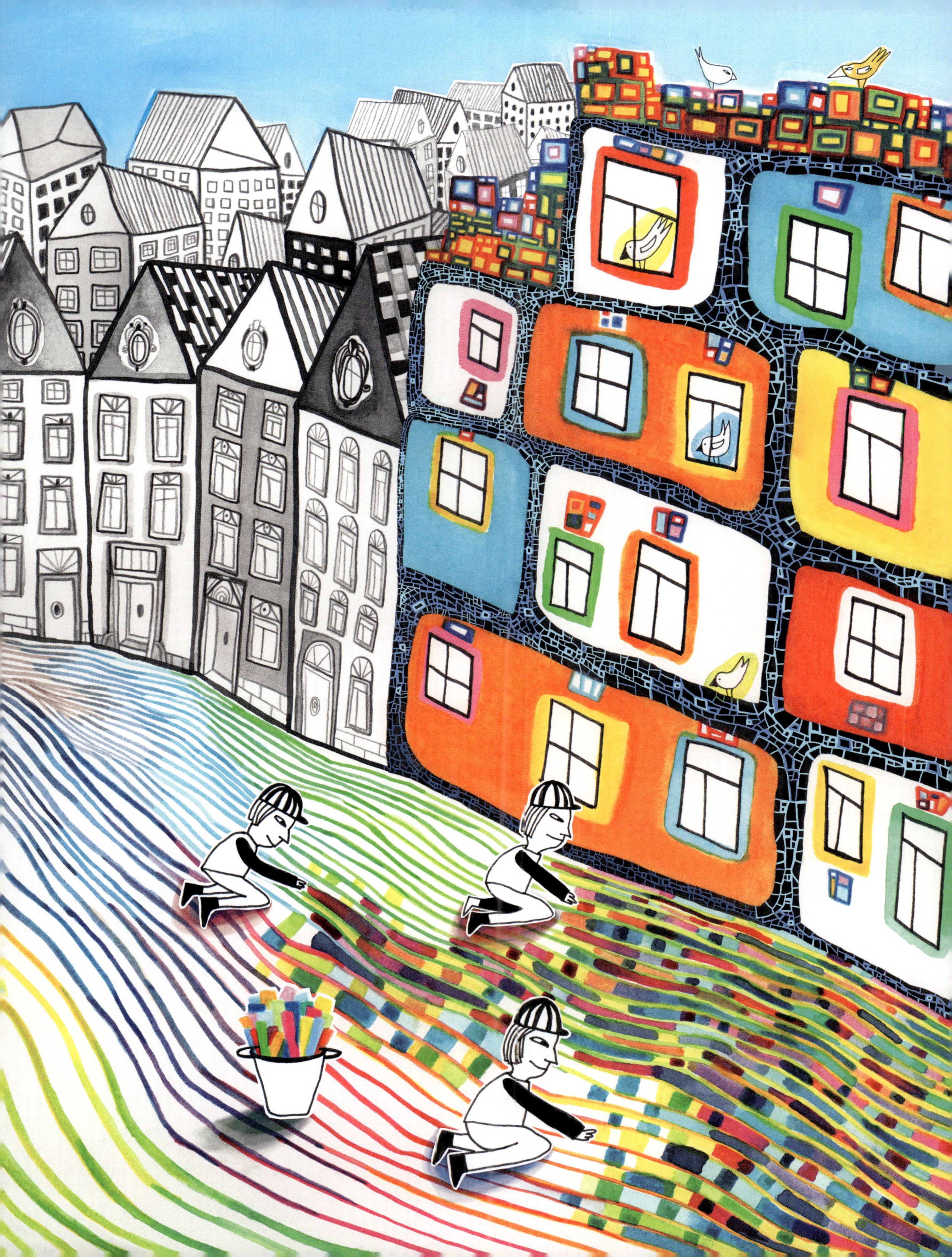

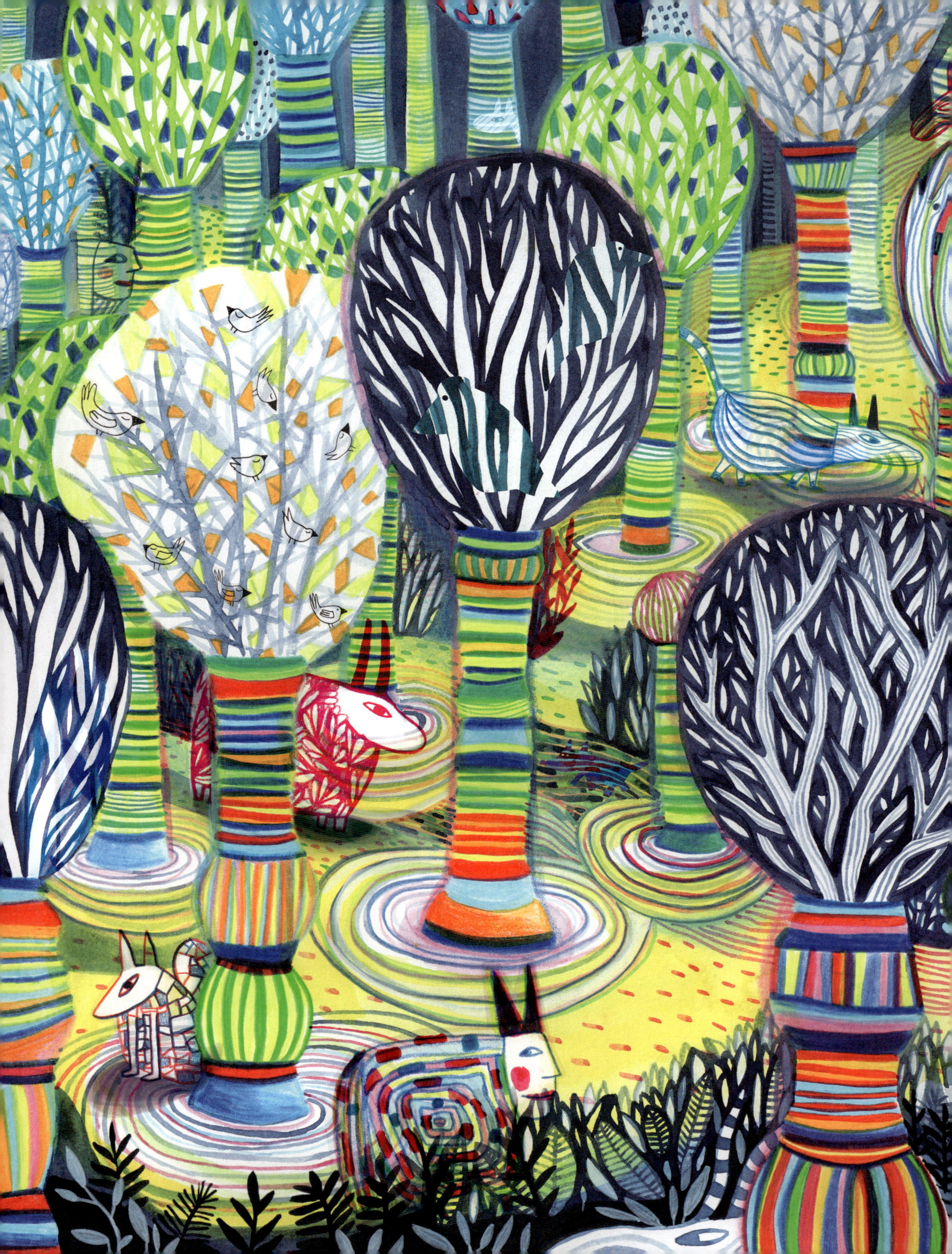

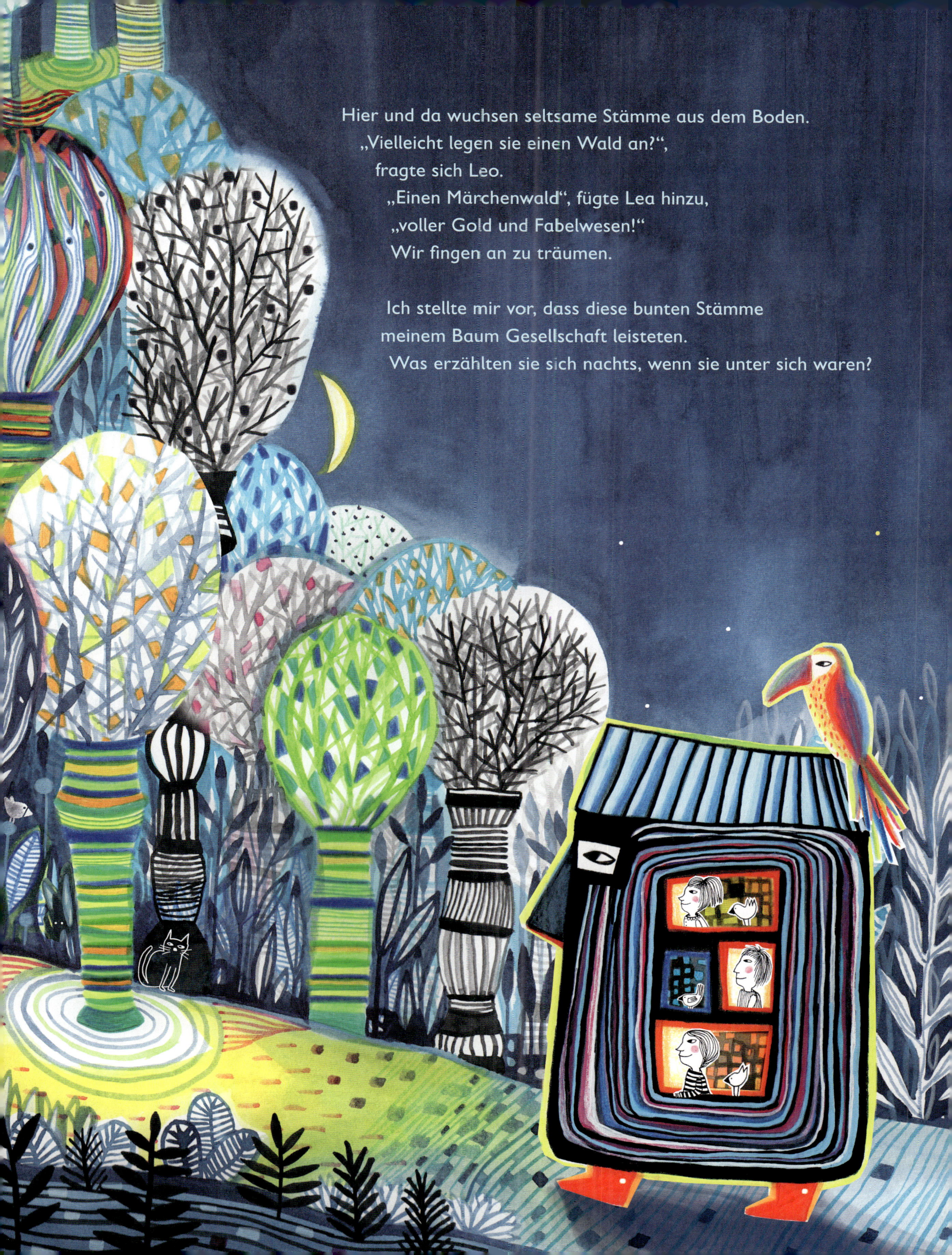

Hier und da wuchsen seltsame Stämme aus dem Boden.
„Vielleicht legen sie einen Wald an?“,
fragte sich Leo.
„Einen Märchenwald“, fügte Lea hinzu,
„voller Gold und Fabelwesen!“
Wir fingen an zu träumen.

Ich stellte mir vor, dass diese bunten Stämme
meinem Baum Gesellschaft leisteten.
Was erzählten sie sich nachts, wenn sie unter sich waren?

Kurz darauf staunten wir nicht schlecht:
Auf dem Dach glänzte tatsächlich Gold!
Ganz oben strahlte eine riesige Zwiebel in der Sonne.

Wir konnten es kaum glauben.
Ob sie ein Schloss bauten, direkt vor unserem Haus?
Coco verschluckte sich fast vor Begeisterung.

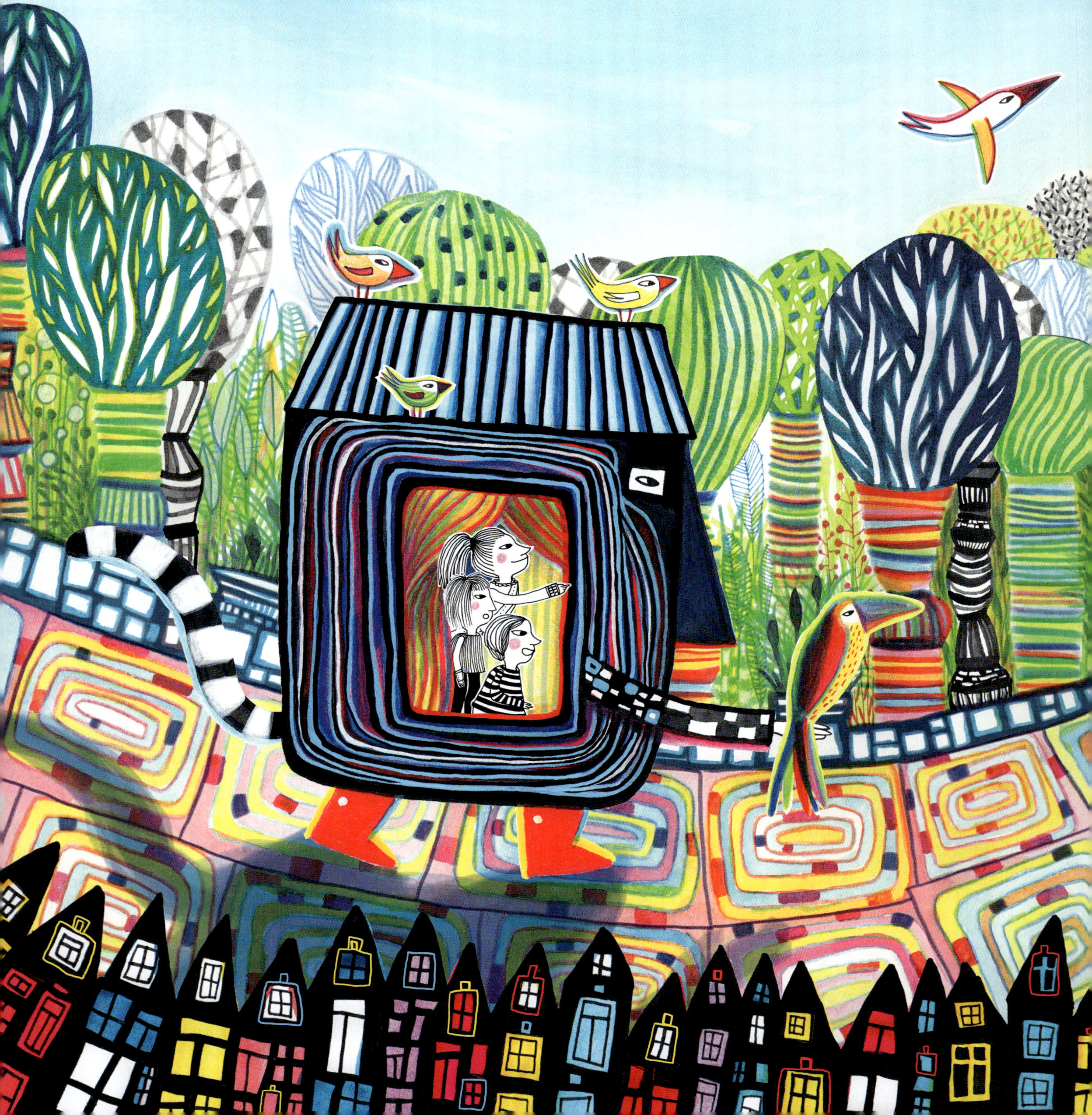

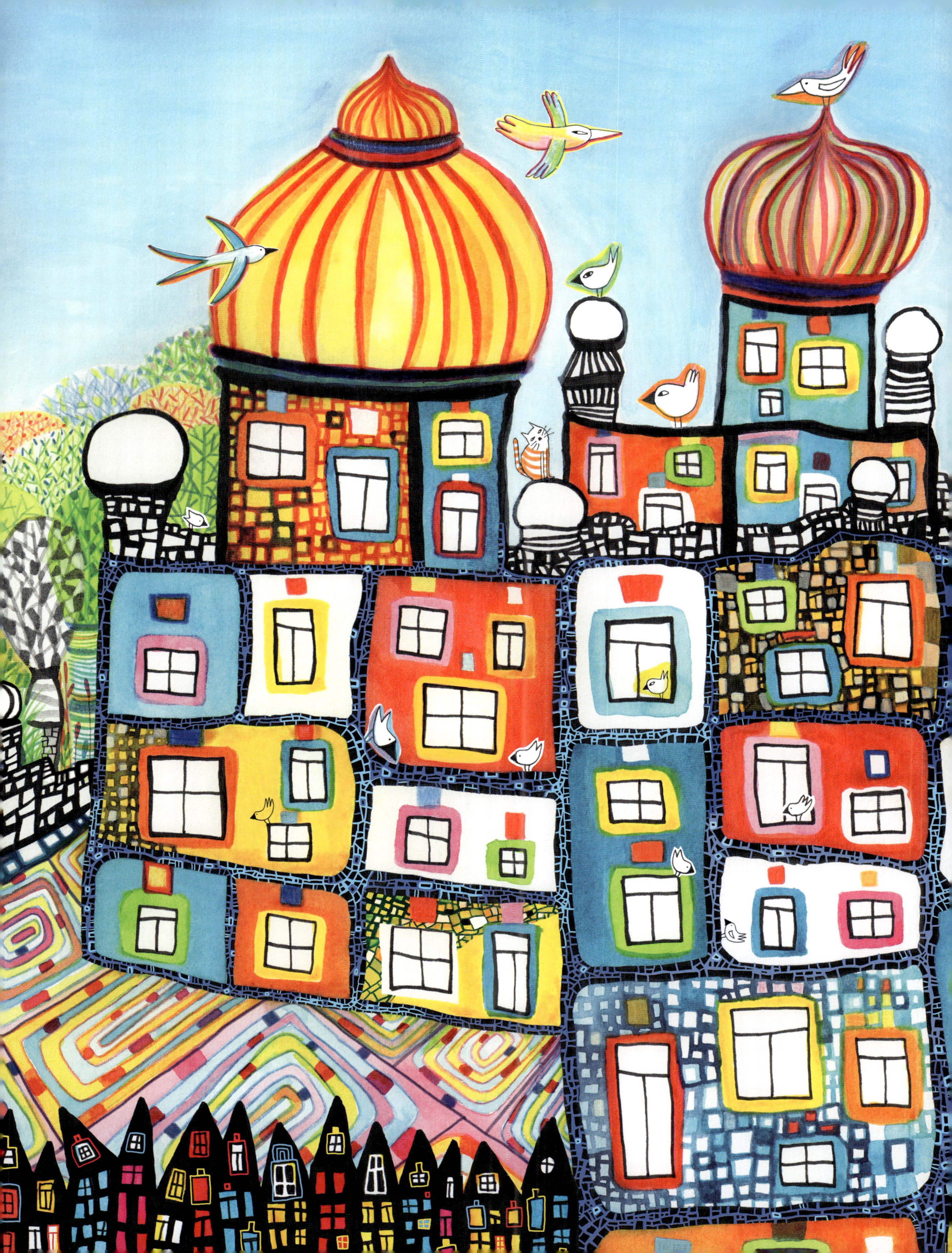

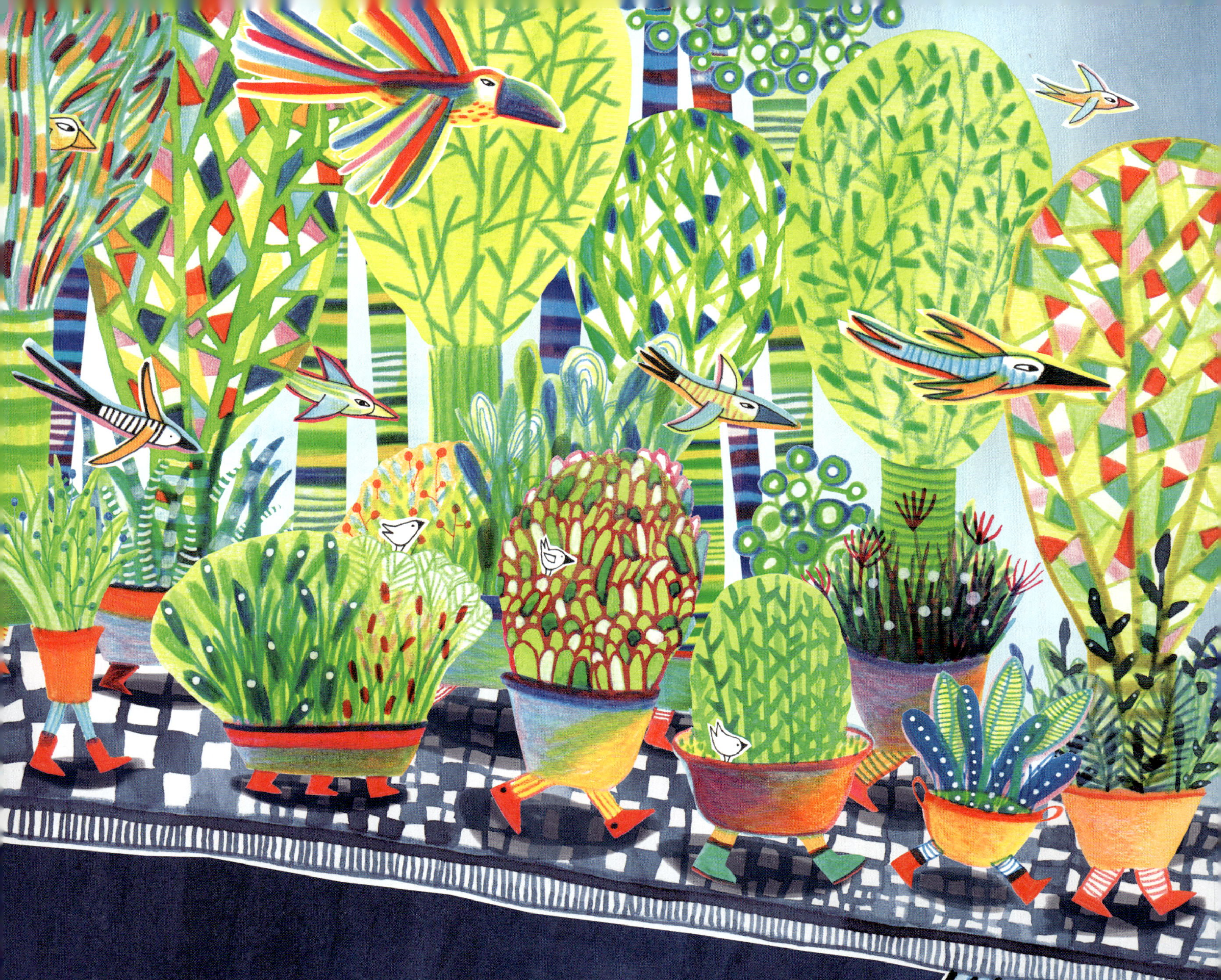

Am nächsten Tag läutete die Ladenglocke – Ding Dong.
Es war ein Gärtner, der alle Pflanzen
aus Mamas Laden kaufen wollte.
Alle Blumen! Und die Sträucher!
Und mehr und immer mehr ...
einen ganzen Wald!

Wo sollte all das Platz finden?

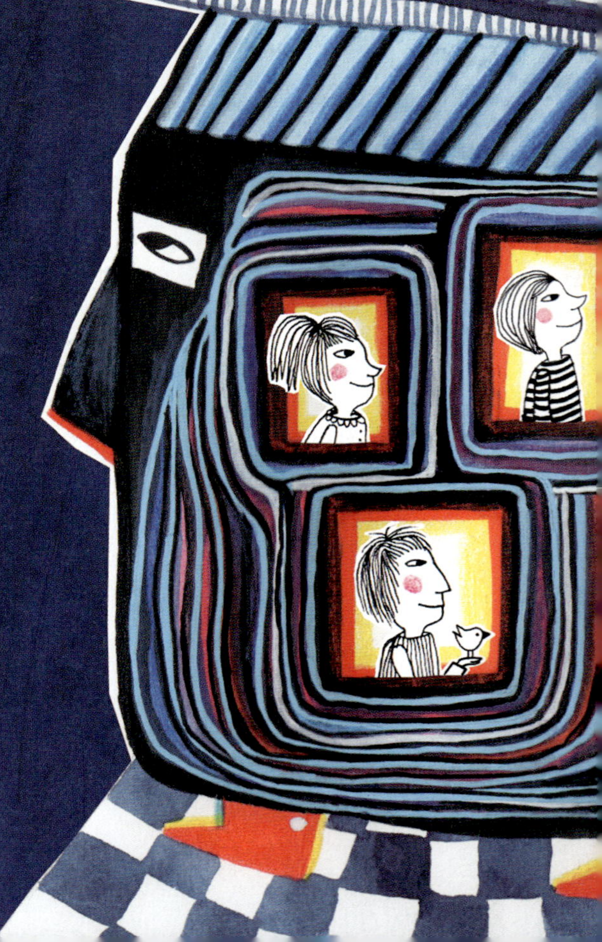

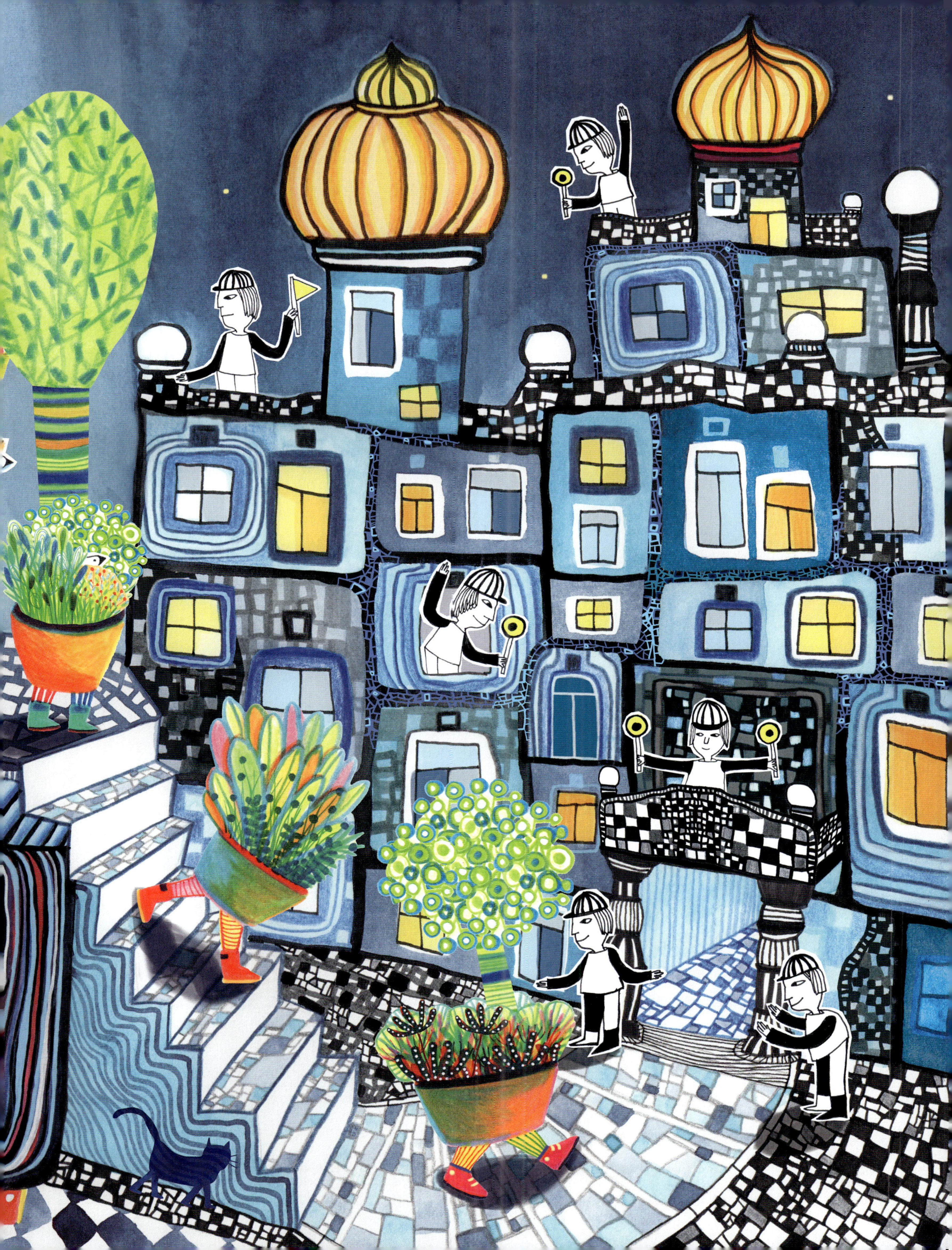

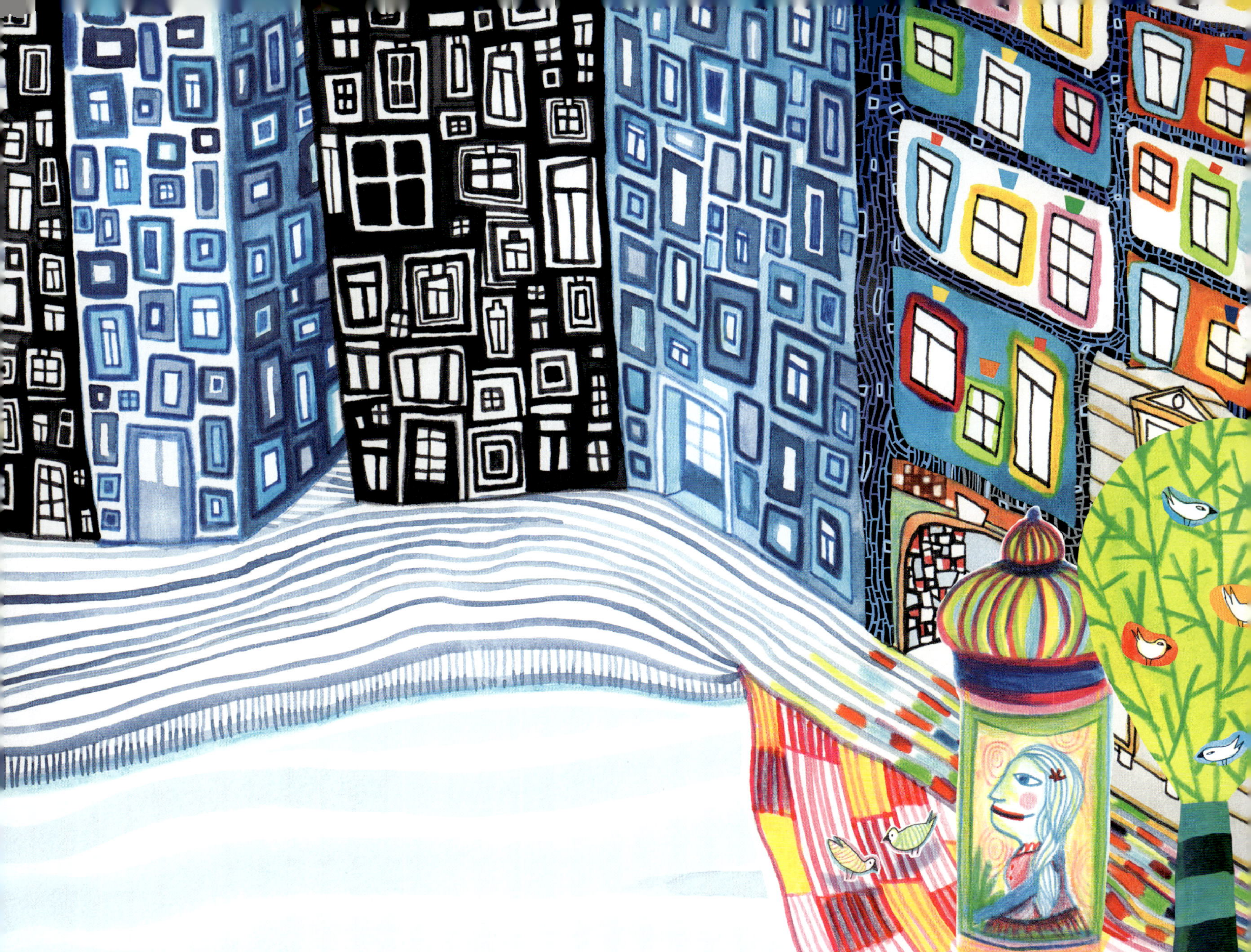

Endlich kam der große Tag.
Als ich zum ersten Mal das fertige Haus sah,
hüpfte mein Herz vor Freude.
Es war märchenhaft schön mit all seinen Farben
und wunderlichen Formen!

Dann erschien ein Mann. Er war so kunterbunt gekleidet
wie das Haus. Gestreifte Hose, komische Kappe, lustige Schuhe:
Das konnte nur ein Zauberer sein – der Zauberer der Dächer!

Leo und Lea drängten mich zu ihm: „Los, Maya, frag ihn doch!“
Ich nahm meinen ganzen Mut zusammen und stotterte:
„Entschuldigung, wissen Sie, was mit meinem Baum passiert ist?
Der alte, knorrige Baum, der dort stand …“
„Du magst ihn gern, nicht wahr?“, lachte der Mann.
„Ich auch … kommt mit!“

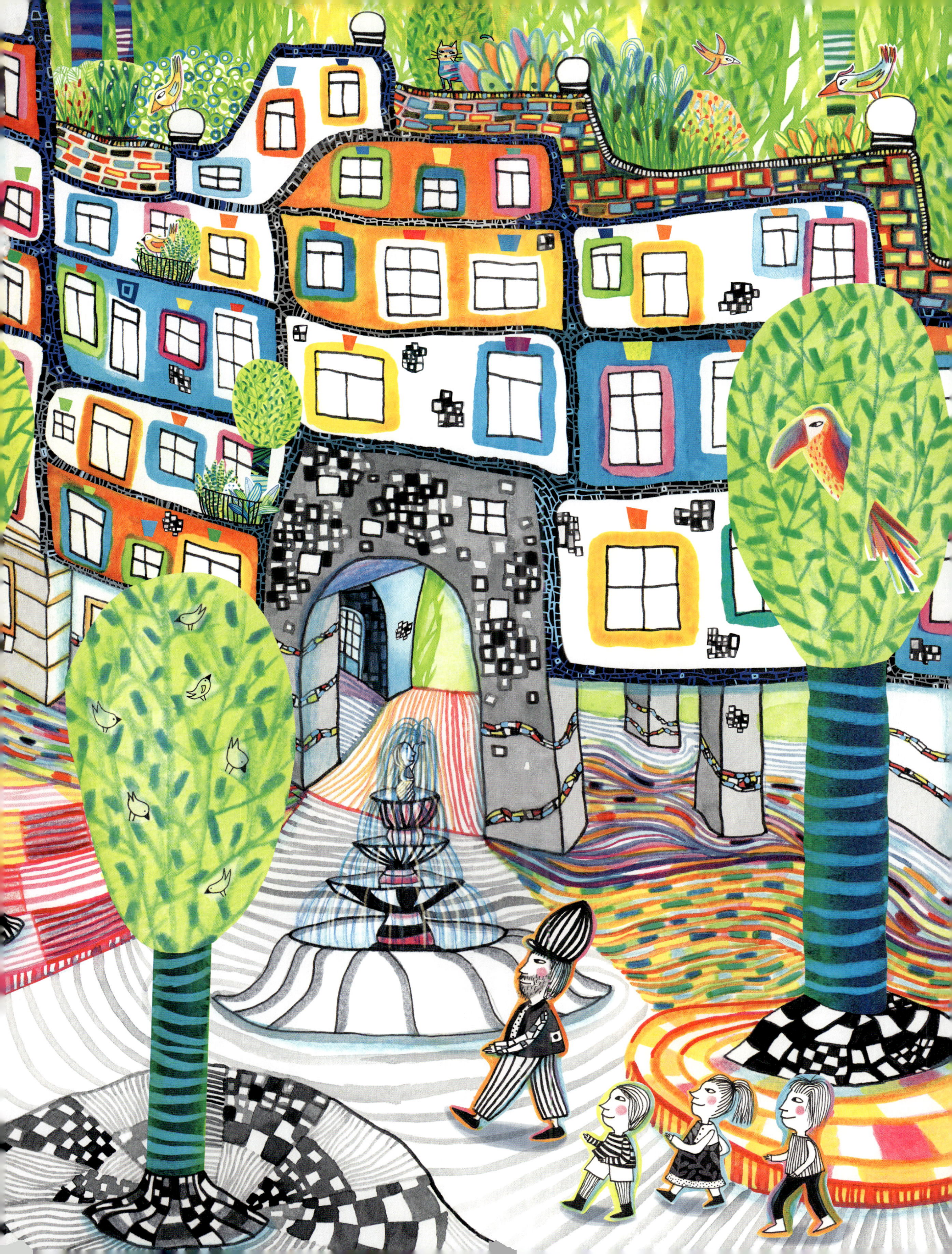

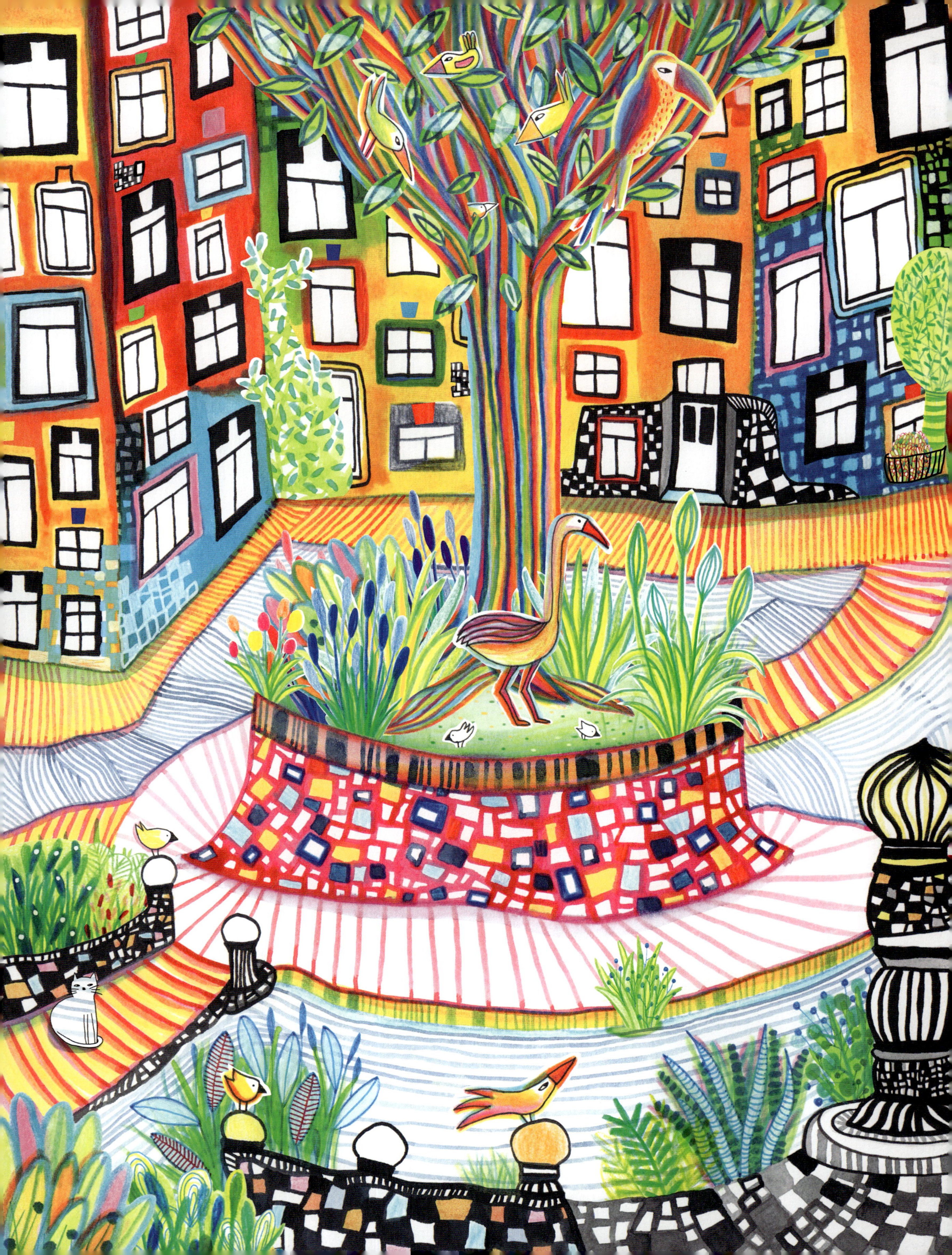

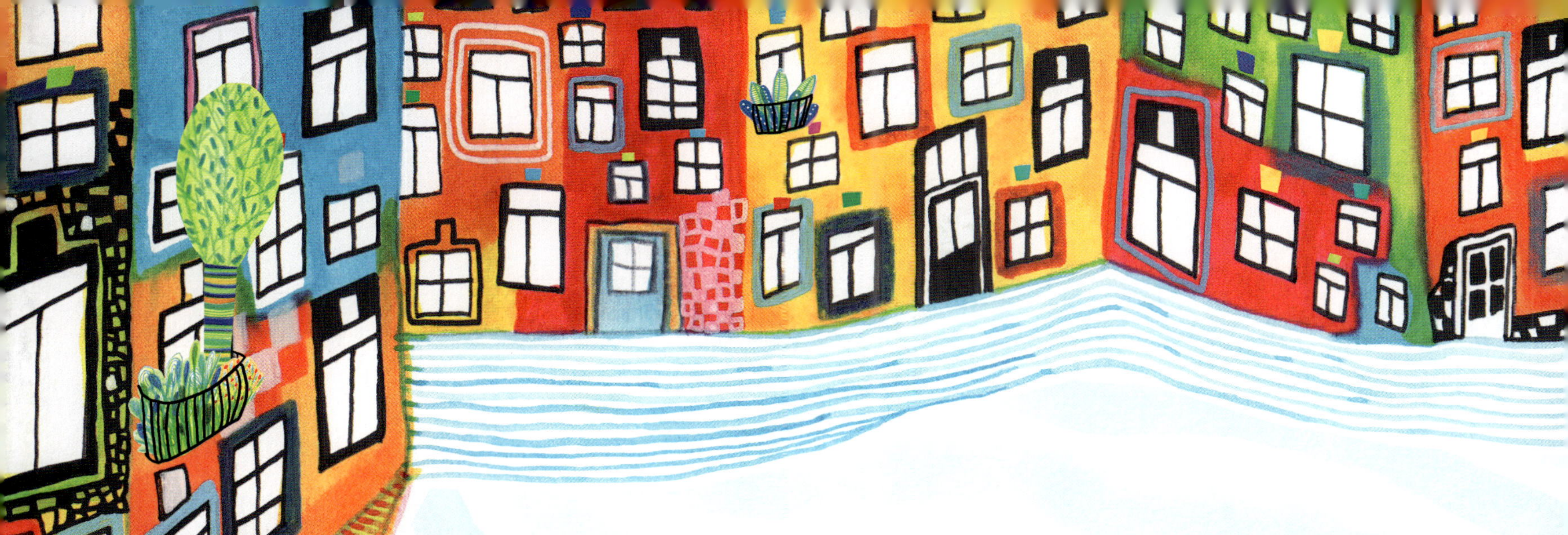

Bald standen wir alle im Innenhof um den großen Baum versammelt.
Im Glanz des goldenen Zwiebelturms strahlte er
wie der König dieses neuen bunten Reiches.
„Wir haben deinen Baum gut beschützt“, sagte der Mann.
„Würdest du dich mit deinen Freunden um ihn und meine lieben
Mieter kümmern?“
„Sie meinen … die Hausbewohner?“, fragte ich.
„Nein, die Bäume! Sie sind hier genauso zuhause wie die Menschen
und sollen sich wohlfühlen. Wir sind doch alle Mieter dieser Erde.“
„Miiie-ter! Miiie-ter!“, krächzte Coco und verschwand in den Zweigen.
„Und jetzt, Kinder, zeige ich euch das ganze Haus!“

Die fantastische Reise fing gerade erst an …

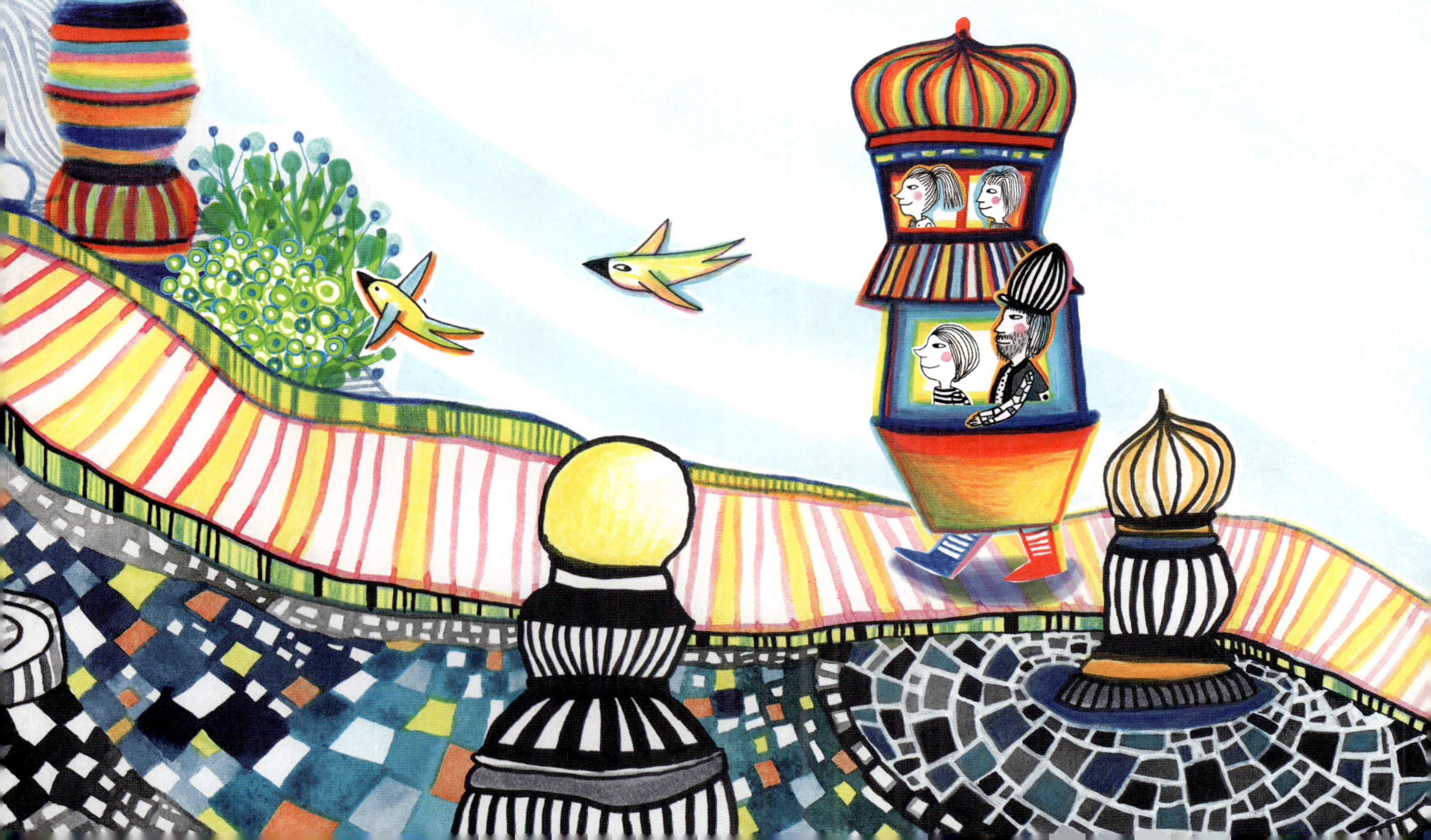

Mosaiksäulen und Ornamente

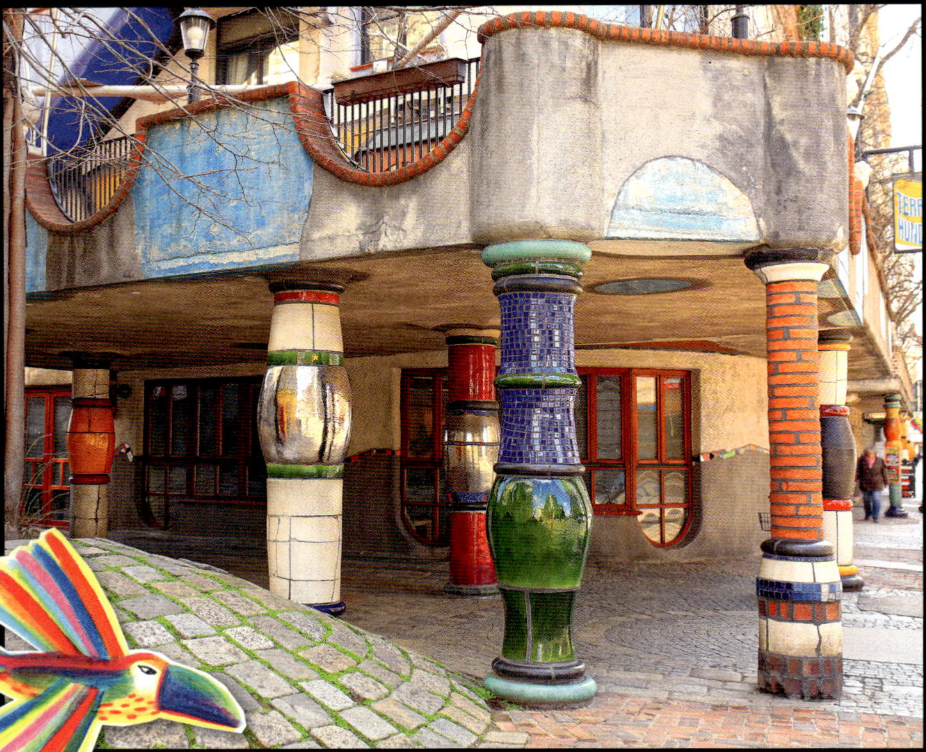

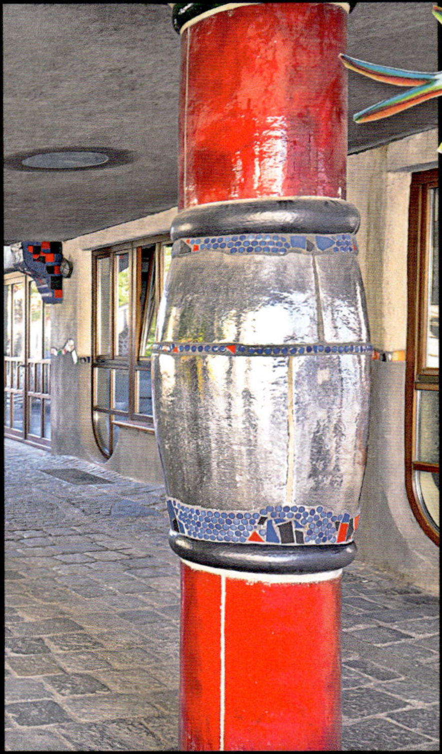

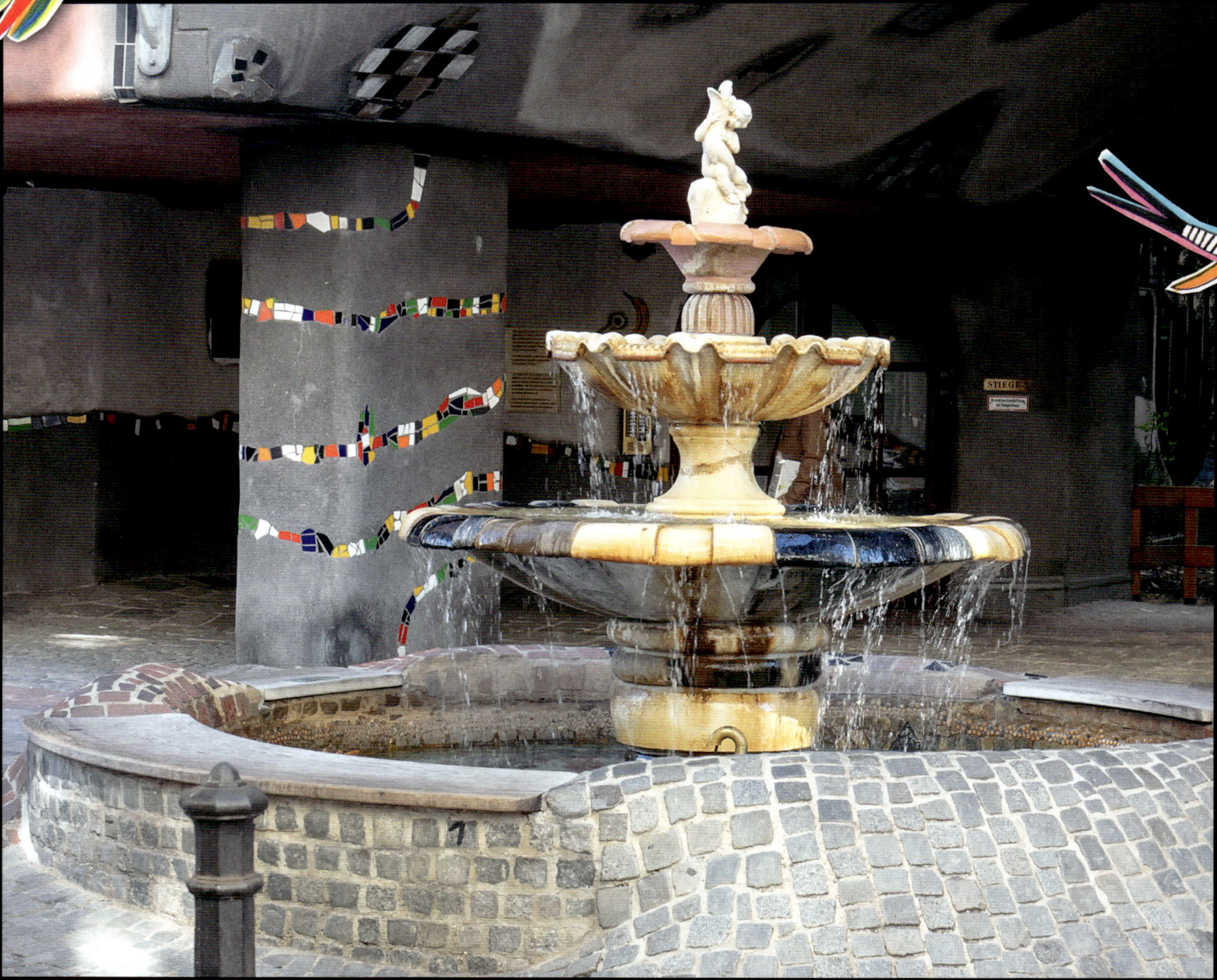

Der Brunnen vor dem Hundertwasserhaus

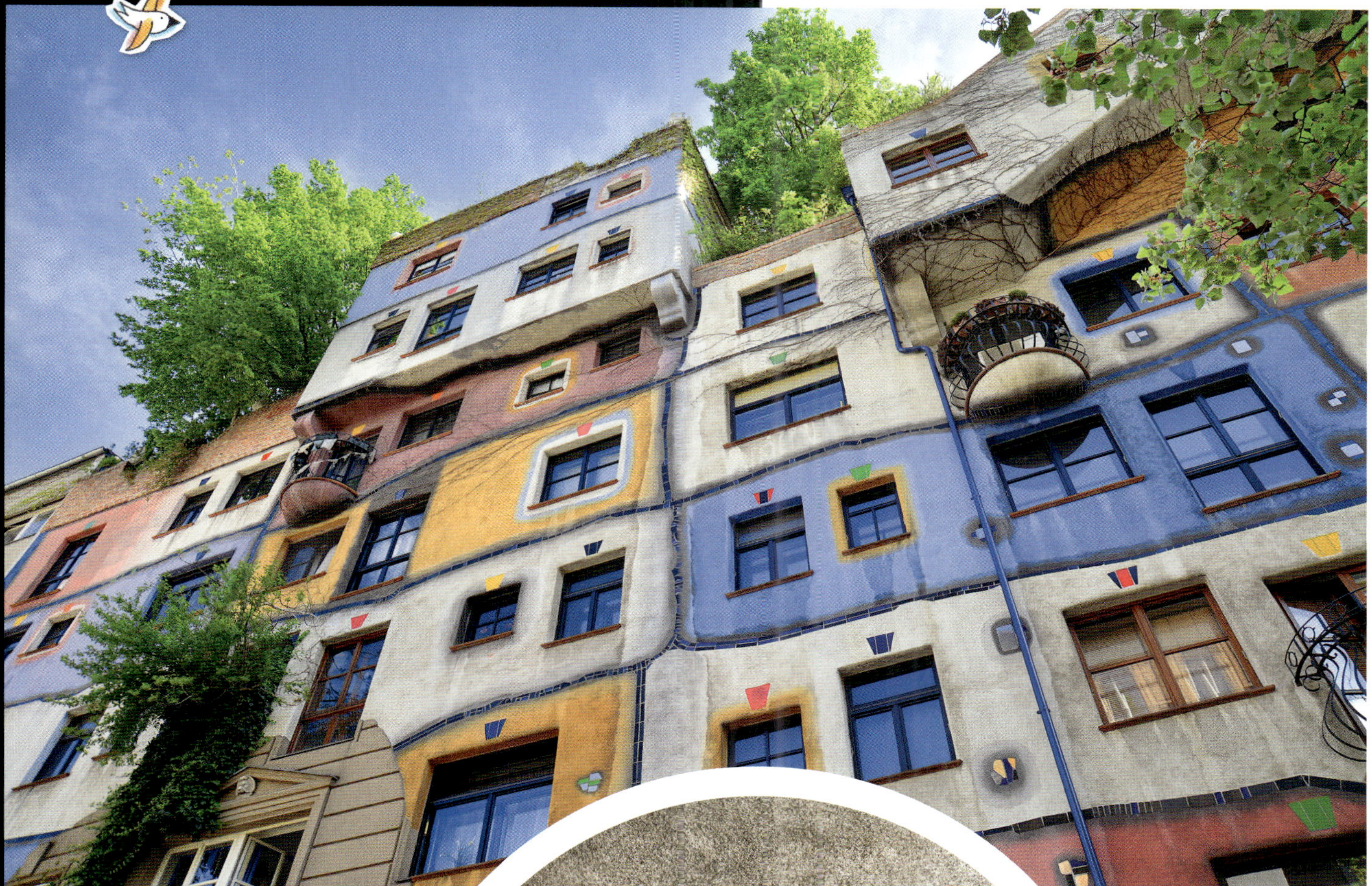

Detail einer Säule

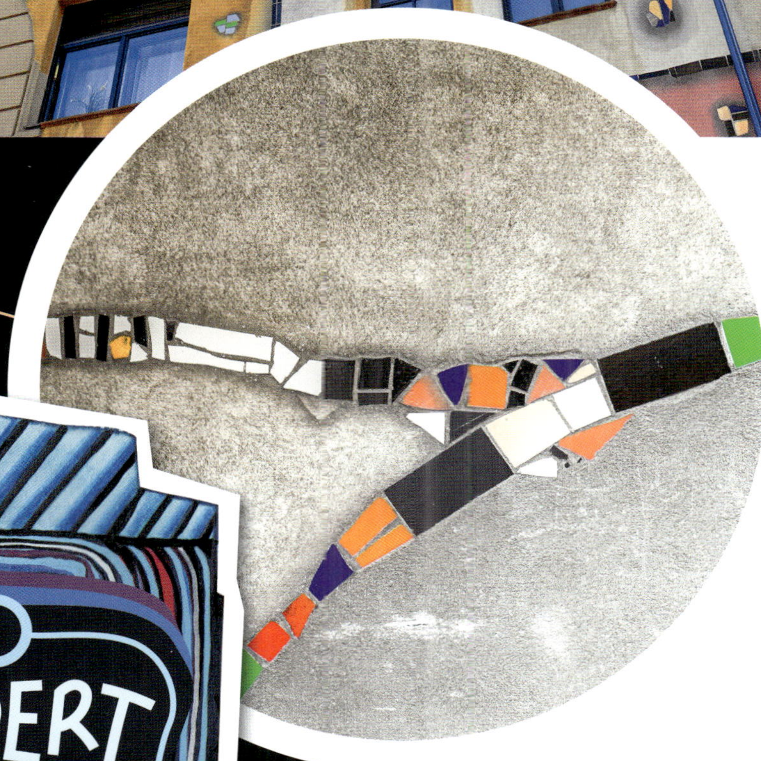

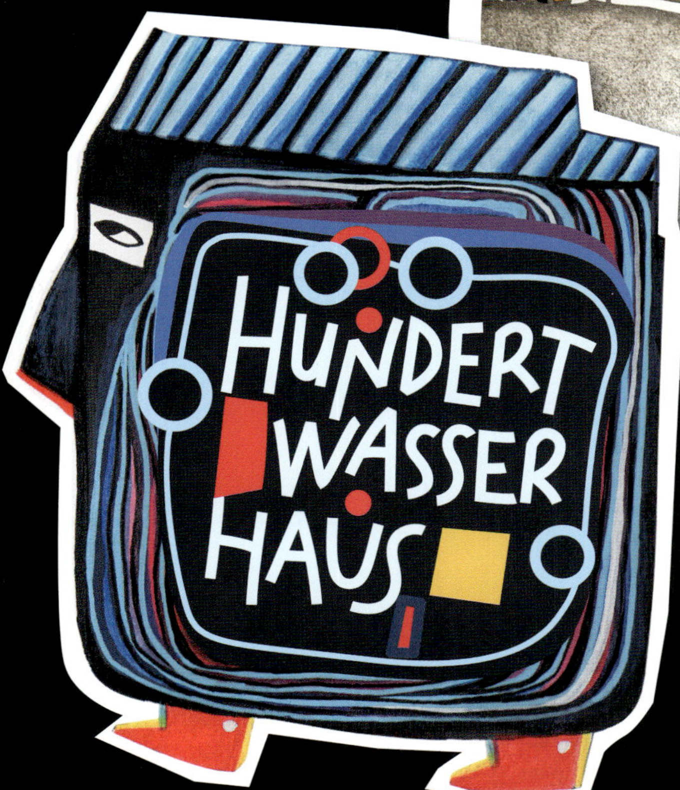

Dieses Gebäude in Wien (Österreich) wurde zwischen 1983 und 1985 nach einem Konzept und Ideen von Friedensreich Hundertwasser erbaut.
Originalmiturheber: Architekt Josef Krawina
Planung und ausführender Architekt:
Peter Pelikan

HUNDERTWASSER

STECKBRIEF

VORNAME: **Friedensreich**

NAME: **Hundertwasser**

1928 – 2000

Österreichischer Maler, Architekt, Umweltschützer und Philosoph

EIN PIONIER DES **ÖKOLOGISCHEN BAUENS**

Friedensreich Hundertwasser war ein Vorreiter des ökologischen Bauens. Als einer der ersten erkannte er den Bruch zwischen Mensch und Natur in der Stadt. Als engagierter Umweltschützer entwarf er Häuser mit Bäumen auf den Dächern und an den Fassaden (sogenannte „Baummieter“), um der Natur einen Platz in seinen Gebäuden zurückzugeben. Die Böden seiner Häuser sind uneben wie der Waldboden und die Bewohner werden ermutigt, selbst kreativ zu werden und ihren Wohnungen eine persönliche Note zu verleihen.

DIE **GRUNDSÄTZE** SEINER ÖKOLOGISCHEN ARCHITEKTUR

Für Hundertwasser ist das Fenster die Verbindung zwischen Innen und Außen. Jeder Mieter soll die Außenwand rund um sein Fenster mit Malerei, Mosaiken oder Pflanzen so gestalten dürfen, wie es ihm gefällt: Das nennt Hundertwasser „Fenster-Recht“. Er lehnt gerade Linien ab, weil sie in der Natur nicht vorkommen. In der Architektur sollen kein Lineal und Winkelmaß gebraucht werden. Er glaubt, wir leben in einem Gefängnis aus geraden Linien, gegen das sich niemand auflehnt. Seine Gebäude hingegen biegen und winden sich wie Flüsse, Berge oder Pflanzen in der Natur. Hundertwasser kämpfte für eine Gesellschaft, die im Einklang mit der Natur lebt, ohne sie zu verschmutzen.

Bäume sollen nicht nur auf den Dächern, sondern auch in den Wohnungen Platz finden: Vor den Fenstern wurzelt der Baum in einer großen gemauerten Wanne mit Erde, damit er nach draußen wachsen kann, um die Fassade zu erobern. Der Baum ist genauso Mieter wie der Mensch.

DAS **HUNDERTWASSERHAUS** IN WIEN

Das am 1. März 1986 eingeweihte Hundertwasserhaus vereint alle architektonischen Ideen, die Hundertwasser seit den 1950er-Jahren entwickelt hatte. Der Architekt Josef Krawina hat gemeinsam mit ihm die Pläne für diesen herausragenden Sozialwohnungsbau erarbeitet.

Das Haus ist ein freundlicher Raum im Dienste seiner Bewohner und der Umwelt.

Die öffentlichen Bereiche, die in Mietshäusern oft vernachlässigt werden, sind hier besonders gepflegt und attraktiv: mit Mosaiken verzierte Treppenhäuser, die Tiere und Pflanzen darstellen, ein einladender Wintergarten und ein Abenteuerspielraum mit gewölbtem Boden für Kinder. Löwenskulpturen und bunte Kegel erinnern daran, dass das Haus an der Kreuzung von Löwengasse und Kegelgasse steht. Fünfzig Wohnungen, viele gemeinschaftliche und private Terrassen, vier Gewerbeflächen und eine Arztpraxis gehören zum Hundertwasserhaus.

Die 30 bis 150 Quadratmeter großen Wohnungen sind schlicht und funktional gestaltet. Alle Badezimmer sind mit Mosaik gefliest.

Der Teil der Kegelgasse, wo das Haus steht, ist eine Fußgängerzone, angelegt als gepflasterte, teils bepflanzte Promenade mit Landwellen, die an natürliche Böden erinnern. Vor dem Eingang des Hauses steht ein Brunnen mit drei Keramikbecken.

Ein paar Schritte entfernt befindet sich das „Village“, eine Einkaufsgalerie, die ebenfalls von Hundertwasser entworfen wurde.